华章经典·金融投资

投资中最常犯的错
不可不知的投资心理与认知偏差误区

7 MISTAKES EVERY INVESTOR MAKES
(AND HOW TO AVOID THEM)
A Manifesto for Smarter Investing

[英] 约阿希姆·克莱门特 著　陈焕华 译
JOACHIM KLEMENT

图书在版编目（CIP）数据

投资中最常犯的错：不可不知的投资心理与认知偏差误区 /（英）约阿希姆·克莱门特（Joachim Klement）著；陈焕华译. -- 北京：机械工业出版社，2022.6（2025.6 重印）

（华章经典·金融投资）

书名原文：7 Mistakes Every Investor Makes (And How To Avoid Them): A Manifesto for Smarter Investing

ISBN 978-7-111-70732-5

I. ①投⋯ II. ①约⋯ ②陈⋯ III. ①投资－经济心理学 IV. ① F830.59

中国版本图书馆 CIP 数据核字（2022）第 076396 号

北京市版权局著作权合同登记　图字：01-2022-0831 号。

Joachim Klement. 7 Mistakes Every Investor Makes (and How to Avoid Them): A Manifesto for Smarter Investing.

Copyright © 2020 © Joachim Klement.

Simplified Chinese Translation Copyright © 2022 by China Machine Press.

Simplified Chinese translation rights arranged with Harriman House through The Artemis Agency. This edition is authorized for sale in the Chinese mainland (excluding Hong Kong SAR, Macao SAR and Taiwan).

No part of this book may be reproduced or transmitted in any form or by any means, electronic or mechanical, including photocopying, recording or any information storage and retrieval system, without permission, in writing, from the publisher.

All rights reserved.

本书中文简体字版由 Harriman House Ltd. 通过 The Artemis Agency 授权机械工业出版社在中国大陆地区（不包括香港、澳门特别行政区及台湾地区）独家出版发行。未经出版者书面许可，不得以任何方式抄袭、复制或节录本书中的任何部分。

投资中最常犯的错

不可不知的投资心理与认知偏差误区

出版发行：机械工业出版社（北京市西城区百万庄大街 22 号　邮政编码：100037）	
责任编辑：杨熙越　殷嘉男	责任校对：殷　虹
印　　刷：北京建宏印刷有限公司	版　次：2025 年 6 月第 1 版第 5 次印刷
开　　本：170mm×230mm　1/16	印　张：13.5
书　　号：ISBN 978-7-111-70732-5	定　价：69.00 元

客服电话：（010）88361066　68326294

版权所有·侵权必究
封底无防伪标均为盗版

译者序

看到本书标题时，我对它并没有特别高的期待。它应该是金融类书架上毫不起眼的那一类书，销量可能比不上那些标题为振聋发聩的"必胜秘籍"和"策略大全"类书籍，技术含量可能又比不上那些充满模型和数据分析的专业类书籍。但至少本书是一本既实用又易读的书，也许不是"灵丹妙药"，但也绝不会是"精神毒品"，作为一部由经验丰富的专业投资者撰写的作品，应该多少能提供一些投资方面的有益见解。

在打开书一章一节翻译的时候，我渐渐有些失望，感觉到处都是不吐不快的槽点。作者声称一年只查看一次自己的投资组合情况，这怎么可能？分散化投资最好的配置方法是在每种资产中投资等额的钱，那我多年来最优化资产配置岂不是白学了？作者自称是拒绝短线操作的价值投资者，那为何挑选基金经理的建议只针对主动管理型基金？应对复杂系统的桌球模型过于抽象不说，居然还完全靠经验来"量化"？那些不怎么严谨的金融和统计概念也不断挑战我这个学术出身的投资者的忍耐力。

但当通读完全书，对作者的投资逻辑有了一个整体的把握之后，我的看法完全改变了。虽然没有拗口的半吊子哲学可供卖弄，没有显赫的投资战绩可供吹嘘，也没有提供让人振奋的梦想和必胜的操盘技巧，但本书能提供的东西远远胜过上述一切。

本书是一部传授亲身投资经验的书，作者通过总结常见的投资错误、分析错误机理并提供解决相关问题的工具，将自己对投资的思考呈现给大家。这类书要出精品，对作者有两个要求：一是在投资时进行过深入且系统的思考，二是能对自己每次投资的成败正确归因。这两点其实是颇为不易的，因为大多数投资者都如本书中描述的那样，会用不断加强的偏见代替真正的思考，也会将成功归功于自己的能力，却将失败归结为运气不好。本书作者的难能可贵之处在于，他不仅能意识到自己作为一个人的上述局限性，而且找到了简单且有效的办法来克服它们。

作者选择的话题既包括对预测的错误认知、在短期波动影响下的过度操作和以价值投资为名的风险管理失败等大部分相关书籍都会涉及的主题，也涵盖如何正确总结个人经验、如何克服确认偏误和如何利用另类信息挑选主动管理型基金等讨论较少但十分重要的问题，以及用复杂动态系统理论重新审视金融市场的新思考范式。这些问题和错误并不能囊括所有重要的投资问题，但十分具有代表性。尤其是正确总结个人经验和克服确认偏误这两点，可以说是投资者（或者说人类）最常遇到却最难解决的问题，作者朴素的分析和简单实用的技巧十分具有启发意义。

作者的投资风格浑然天成，大巧不工。其投资虽然基于几个最浅显的金融理论（如果能称之为理论的话），使用一些最简单（但并不一定常用）的分析工具，但看似平平无奇的理论和工具在作者手中显得恰到好处，并且十分自然地契合了作者的整体投资逻辑。

本书的特色或者说是高明之处，可以概括为四个方面。

一是对最基本的金融原理进行了彻底而有新意的思考。以投资组合分散化这个被讨论最多的入门投资学概念为例，可能大部分投资者都觉得自己对这个概念已经吃得很透了。但什么样的组合才算是充分分散化的组合？作者给出了一个违反直觉却又一针见血的答案：这样的投资组合里一定有你不看好的那一类资产。只这一个答案就可以让大多数人对这个概念的理解前进一大步。而在作者自己的投资实践中，一个超长期价值投资信徒在选择基金时只关注主动管理型基金的筛选方法，恰恰暗合了分散投资的至高原则（虽然作者没有明确指出这一点）。除此之外，作者对于不确定性、市场周期和不同投资风格有效性等基本概念和原理均做了通俗但角度独特的分析，足以为自己思考过这些概念的读者带来全新的认识。

二是对或常见或新颖的分析工具进行了充分及时的开发。比如置信区间这个学过数理统计的人都知晓的概念，在科学和工程中早就得到了十分广泛的应用，但在不确定性最高的金融领域却只有少数风险管理人员在使用。作者巧妙地将其用于股票走势分析中，不仅能让投资者的判断更接近现实，还很好地解决了短期波动影响判断的问题。又比如基金对基准指数的跟踪误差这个指标，从成果发表到作者将之用于挑选基金的实践几乎是无缝对接。这种将各种分析工具信手拈来且用得恰到好处的能力十分令人羡慕。

三是潜移默化的复杂性思维。复杂性是世界的本质，但将问题简单化是人类思维的特性，所以大家会不自觉地忽略事物的复杂性，从一个极端走向另一个极端。讨论复杂性的书籍很多，本书也有专门的章节讨论此问题，但作者最难能可贵的是一直在潜移默化地用复杂性的视角来分析问题（虽然又一次没有明确指出这一点）。坚持长期投资是实现长期财务目标的关键，但有时形势会迫使我们采用短期的撤退来保存实力；对于需求旺盛的行业和企业要看到潜在竞争者的威胁；最有用的见解来自与自己观点相异的朋友等。跟这些言传身教比起来，作者刻意用来演示复杂性的那些例子和模型反而晦涩得令人印象深刻，这又是复杂性的一个好例子。

四是将投资彻底融入了自己的人生修炼过程。中国传统文化最重修身，本书作者虽然可能没有学习过中国国学，但古今中外的道理是相通的。一方面投资既是科学也是艺术，另一方面每个人的性格特点和经历都不一样，所以"纸上得来终觉浅，绝知此事要躬行"，只有在具体的投资实践中运用作者为我们提供的经验总结方法和工具，才能不断地提高自己，走出自己的投资之路。

本书虽然是作者基于自己在欧美金融市场的从业经验写就的，但其中也有不少能够让中国读者感觉亲切或会心一笑的桥段。坚持看多或看空不动摇的分析师容易火，让人想起中国股市那些天天叫人抄底或预言崩溃的熟悉面孔；吉利汽车作为案例纳入本书让大家感受到了中国汽车行业快速发展的痕迹；而经济发展速度和股市收益的辩证关系也让人不由得记起那些经济火热、股市"凉凉"的日子。

毫无疑问，这是一部不容错过的好书。不仅是一部优秀的投资图书，也是一部值得细细品味的人生修炼秘籍。

作者简介

本书作者约阿希姆·克莱门特已经从事金融市场相关工作长达二十余年,历任研究分析师和首席投资官等职务。他曾服务于各类高净值人群和家族理财办公室,提供投资建议并协助管理各类投资组合。他也曾在多家银行和独立资产管理公司任职,担任股票投资基金经理等职务。最近,约阿希姆在位于伦敦金融城的一家小型投资银行担任投资研究主管,帮助养老基金、保险公司和其他机构投资者理解目前已经极为复杂的金融市场,并协助他们做出更好的投资决策。在漫长的职业生涯中,约阿希姆曾为来自美国、欧洲和亚洲的大量个人投资者和机构投资者提供过专业的服务,并广受好评。

约阿希姆本科阶段在瑞士联邦学院学习数学和物理,之后又在瑞士苏黎世理工学院获得数学硕士学位。在苏黎世理工学院期间,约阿希姆亲身经历了20世纪90年代末的科技股泡沫,并因此对金融和投资产生了兴趣。之后他又先后在苏黎世大学和德国哈根大学学习企业管理,获得了经济学和金融学硕士学位,并赶在次贷危机爆发前正式开始投身金融行业。朋友们都说他真是转错行了,因为短短几年之后,他跳槽进入的这个行业看起来似乎就要走向末日。

鸣 谢

本书的写作过程就像怀孕生子一样。我感觉自己身体里多了一个越来越重的家伙,然后在一个快速而痛苦的瞬间,它来到了这个世界。跟怀孕一样,单独一个人干不了这活儿。我首先要感谢我的编辑克雷格·皮尔斯,以及哈里曼出版社的整个团队。他们在这个项目开花结果的过程中做出了重要的贡献——从某种意义上说,他们是在我生产过程中的助产士。跟世界上所有的助产士一样,他们所做的贡献再怎么赞扬也不为过。同时也要感谢伦敦海军和军事俱乐部的各位工作人员,本书的大部分内容都是在那里写就的。那里是一个非常适合工作的好地方,让你可以专注于手头的任务。

我必须承认,本书并不是自己闭门造车的结果,它是我多年以来阅读的大量相关研究和与多人沟通交流的产物。我要特别感谢我的两位导师,克劳斯·韦勒肖夫教授和已故的安德烈亚斯·赫费特教授,他们教给我的经济学、投资学知识和批判性思维的艺术超过了任何其他人。我非常感谢他们多年来对我的耐心指导和大力支持。此外,我还想感谢克劳斯·韦勒肖夫的儿子们,他们的口头禅"兄弟,现实会毒打你的"也被本书引用。这句话精彩万分,不能错过。

在过去的两年里,我跟许多人讨论过本书的内容,是他们鼓励我完成本书,并帮助我一步步完善它的内容。这一切始于我为富朋投资管理公司撰写的一系列短篇评论。这些评论从业务的角度来看被认为太过"冒险",因此从未公开发表过。我曾对当时的老板凯茜·海尔斯和同事吉汉·伊斯梅尔说过,尽管这些文字不能以富朋的名义出版,但它们以后可能会变成其他形式的成果。感谢你们给了我自由发挥的余地,允许我用一些疯狂的想法来挑战极限;也感谢你们始终能给我支持和鼓励,无论我的观点有多么离经叛道。

还有很多人也参与了本书的讨论,对本书各个版本的草稿提供了宝贵的反馈意见,或者对本书基于参考文献的写作做出了重要的贡献。他们包括:布雷特·阿伦兹,戴维·约翰,蒂姆·科罗克瑙伊,萨姆·莫里斯,拉里·西格尔,保罗·西罗尼,贾森·沃斯和贾森·茨威格。非常感谢你们。

最后,也是最重要的,我想感谢我的妻子罗宾·米兰达。她是我最热心的支持者,也是最严厉的批评者,总是能提出正确的问题。没有她,这一切都不会发生。本书是献给她的。

前　言

我也曾多次考虑要不要将本书写成一本傻瓜式图书。你应该见过这种类型的书，书中会承诺你只要按照其所写的三个步骤行事，就一定会变得富有（或者聪明、美丽等）。在投资领域，这类书可能会使用《百万富翁速成大法》或《我的亚马逊IPO投资经历：如何找到下一个亚马逊》等书名。在大多数情况下，能凭借这些书快速成为百万富翁的可能只有它们的作者。

问题在于，我被人们称为"良心"或"正直"的东西所困扰。我知道，这些都是20世纪的过时概念了。我们生活在21世纪，要成为这个时代的政治或商业领袖，似乎就得有能力对事实和数据这类惹人厌烦的小东西视而不见。如果想在这个时代快速获得大量追随者，你似乎必须得先给出一个巨大无比的承诺，然后再描绘一个令人心驰神往的梦想。但有句话我要分享给大家：也许你能无视事实和数据一段时间，但最终，"兄弟，现实会毒打你的"，就像我一个朋友的儿子们过去常说的那样。

我的投资生涯始于20世纪90年代末的科技股泡沫时期。当时市场上的投资者都秉持同一个信念，那就是互联网必将彻底改变这个世界。任何一个跟新经济模式沾点边的企业，都能吸引到多得花不完的资金，并且几乎什么都不用做就能看着自己公司的估值一路飙升。

我亲身经历了这场盛宴。一方面，我在20世纪90年代末买入了科技股，并在21世纪初泡沫破裂时损失惨重。另一方面，我当时从事的工作也受益于市场对新经济模式的追捧。当时我在就读的大学里协助经营一家小型科技公司，帮助大学毕业生和其他人通过互联网来搜寻工作机会。

我知道这在今天听起来很奇怪，但在20世纪90年代中期，在互联网上建立求职网站是一个很具有革命性的新创意。当时我们的生意很好，这个小型互联网公司赚了很多钱，多到都来不及把钱花掉。因为包括我在内的大多数员工都是志愿者，每天都还有其他的工作和学业要忙，所以没有时间全力发展这家公司。但随着这家公司的成功，大家产生了一种错觉，认为创业和经营企业是很容易的事情。

这个想法错得不能再错了。2000年年初，滚滚流入公司的利润在一瞬间就消失殆尽，我们的骄傲自满也随着公司的业务一起崩溃了。幸运之处在于我们还有其他的工作，也没有把生意景气时赚的钱都花光。这些积蓄帮助公司在接下来的三年里存活了下来，撑到了最终停止亏损的时候。

如今，这家公司仍然在运营。但就跟25年前一样，它只是一家由我母校的毕业生们凭借业余兴趣经营的小公司。没有人能靠它发大财。但多年来，它让无数毕业生有机会日复一日地学习如何经营一家公司，还允许他们在不危及生计的情况下犯一些小错误。

我在科技泡沫时期作为企业经营者和投资者两种角色所犯的各种错误，对我的余生影响重大。直到今天，我的很多决策习惯还都跟这些错误有关，而且今后很可能会依然如此。

虽然这差不多是我人生中第一次在投资领域犯错，但绝不是最后一次。相反，它们只是我称为接连犯错的苦恼的开端。有时回顾自己的投资生涯，我觉得自己好像总是不断从一个错误走向另一个错误。事实证明，投资绝不是一件简单的事情。无论傻瓜式书籍说得如何天花乱坠，在投资领域没有让人简单或快速取得成功的捷径，犯错是不可避免的。

世界上的每一个投资者一定都在其职业生涯中犯过很多错误，而且肯定还会继续犯错，不管他们本人是否承认。我当然也不例外，而各位亲爱的读者，你们也不会例外。就连沃伦·巴菲特这样的投资大咖也会犯错，而且肯定不止一次。但是，区别优秀投资者和糟糕投资者（或者还得加上那些傻瓜式书籍的作者）的是，前者愿意承认自己的错误，接受自己所做决定的后果，并从中吸取教训。

随着时间的推移，这样的学习过程会让投资者的投资技能使用变得越来越娴熟。从这个意义上说，正是每位投资者接连犯错的苦恼教会了他们如何更好地投资。

接下来让我带你踏上旅程

本书是我帮助投资者变得更好的一次尝试。我无法向读者们承诺一个能够快速取得投资成功的方法，那样做的人都是在忽悠大家。我只能给大家分享多年以来我为提高自己的投资能力而摸爬滚打乃至被现实毒打的血泪史。我希望在了解我犯过的那些错误以后，读者可以避免自己亲身赴险，并且比曾经的我学得更快。

这一尝试有一个问题：我犯过的错误实在太多，写下来可以填满一个小型图书馆。但根据我的经验，有一些错误比其他错误更为常见。另外，一些我认为是错误的行为，在更大的投资界群体中往往没有被视为错误，有些甚至还被奉为圭臬。

在本书中，我将重点讨论那些我自己认为比较普遍的错误。我看到其他投资者，无论是个人投资者还是专业投资者，今天仍然在重复同样的行为。事实上，虽然本书是以一种面向个人投资者的浅显易懂的风格写就的，但专业投资者也可以从中受益。专业投资者可能已经对部分章节中介绍的错误有所了解，但可能没有注意到其他一些类型的陷阱，而且可能至今仍然在重复这些错误。

在每一章中，我不仅会回顾易犯的错误，而且会说明为什么某些特定的投资习惯会导致糟糕的投资表现。最重要的是，我还会提供一些科学证据来说明为什么这些错误对投资表现是不利的。记住，这是一本坦诚的自学式书籍，我的愿望是能通过本书让读者掌握一些自我学习的能力。在每一章的末尾，我会介绍一些自己多年来开发的投资工具和技巧，这些都是我在自己的投资中经常使用的，能有效避免前面提到的那些错误并创造更好的投资业绩。

这种写作方法也有其缺点，有时我们不得不对投资过程的一些技术细节进行更深入的探讨。但请不用过于担心，我将全力以赴用容易理解的方式来解释，让每一个对这个主题感兴趣并管理过自己的投资组合的投资者都能弄得明白。

我选择的七个最常见错误

接下来的七章将分别介绍投资者最常犯的七个错误。正如我之前说过的，我本人曾在过去的某个时候犯过其中的每一个错误。

在**第一章**中我们将要关注一个大多数专业人士和个人投资者认为根本称不上错误的行为：预测。所谓投资，就是要提前挑选出那些在未来一段时期中表现得最好的资产。大家可能都已经知道，直接将资产过去的表现当作未来可能表现的预测是糟糕和不可靠的。如果一项资产在过去5年里有很好的表现，但在你买入之后却无法持续，这样的投资无论如何都称不上是一笔好买卖。

前面提到过，我的投资生涯开始于科技股泡沫的顶峰时期，当时科技股的良好表现至少已经持续了5~10年。但在我入市之后的整整10年中，这类股票的表现却不尽如人意。所以显而易见，成功的投资需要一定程度的预测能力。如果你能比其他投资者更准确地预测特定投资的风险和收益，就有希望获得比他们更好的业绩。

但是我们将会看到，即使是世界上最优秀的专家做出的预测，有时也会出现错得离谱的情况。距今最近的一次著名的预测失败是2008年的全球金融危机。大多数相关专家都没能预见这场危机的到来，以至于英国女王在2008年11月为伦敦政治经济学院的新大楼揭幕时，向满屋子的世界顶尖金融专家提出了一个问题："为什么在座的各位当时没能给大家提个醒呢？"

不仅仅是对这种大事件的预测失误会影响我们的投资表现。分析师和经济学家们时时刻刻都在对市场上的各种指标做预测，但正如我将要展示的那样，这些预测往往还没有印刷它们的纸值钱。如果你认为只是部分投资专家不太擅长预测而已，那你可能大大低估了问题的严重性。

在第一章中，我将向你展示投资专家的预测到底能有多么不靠谱，投资者最好完全忽略它们。但如果我们不该相信专家的预测，也不能依赖过去的表现，那到底该根据什么来投资呢？在这一章的最后，我将告诉大家并非所有的预测方式都是不起作用的，但我们必须非常谦虚谨慎，并将预测固有的不确定性纳入自己的投资决策中。我给出的方案非常简单，但很有效。

第二章将考察投资者过度在意市场短期波动的倾向。从媒体和舆论的反馈来看，大家似乎都在抱怨整个世界变得越来越短视。各家公司都在以季度为时间单位来管理业绩，而投资者们则恨不得其持有的资产每一年都能提供高额的收益，一旦遭遇短暂的价格回调就会弃之如敝屣。

但正如我们将要讨论的那样，投资者的许多日常习惯和市场安排都在潜移默化地鼓励短期主义。关于市场最新动态的持续滚动报道，模糊了我们对公司长期愿景的判断，并诱使我们对短期波动做出反应；而职业基金经理和商业领袖的主流激励机制往往也在鼓励他们做出短视的行为。

虽然在金融危机之后，各市场主体纷纷调整自己的激励机制，希望让管理人员更加注重追求长期表现，但我们能期待的最好结果也只是决策者们会稍微考虑一下三年左右的前景。我将会在后文中展示，即使是这样的期限也太短了，如果想要赢得长期的成功,我们就需要从真正长期的角度来评估投资计划。我们还需要和有类似长期愿景的人合作,这样每个参与人的动机才会匹配一致,从而大幅增加所有人成功的机会。

但即使你成功克服了自己的短期主义倾向,还是不能高枕无忧。因为投资者还会犯另一个错误:在努力避免短视的过程中,他们可能会高估自己长期愿景的可靠性。如果你觉得这听起来违反直觉,你需要阅读本书的**第三章**。对此感到惊讶是很正常的,因为任何有一点专业水平的投资书和理财规划师都会告诉你,成功的关键在于能否将目光放得长远一点。

"你要做到对短期市场波动的诱惑免疫,然后就能在投资上获得成功。"我只同意这句话的前半部分。问题在于,在努力忽略短期波动的过程中,我们有时会构建一个站不住脚的所谓长期头寸,后者的亏损幅度已经大到在可以预见的时间内根本没有恢复盈利的机会。这种情况下对长期取向的坚守反而成了投资者的新问题,长期投资策略则变成了他们固执己见的借口,这也是一种常见的投资错误。

在我看来,投资成功的关键是在短期的风险管理和长期的目标导向之间找到正确的平衡。在第三章中,我将重点介绍两种在过去 10 年左右的时间里帮助我找到这种平衡的技巧。

然后我们将转向另一个话题:投资者自身的经验在投资成败中所扮演的角色。这个话题在过去 20 年的大部分时间里一直牢牢吸引着我,但在一般的投资界中却很少被讨论。**第四章**将要展示一些可能不会让很多读者感到惊讶的东西,那就是市场会一遍又一遍地重复过去的错误。但重复错误的不仅仅是市场,大多数投资者也一样。大多数人不善于从自己的错误中吸取教训。我们将会看到,这可能导致市场出现泡沫和崩盘。

如果我们不能从经验中吸取教训,知道自己犯过什么错误又有何用呢?提高业绩需要从过去的经验中学习,这只有在我们有能力系统地回顾自己做出的投资决策，并给予正确的评价时才可能实现。第四章将提供一些重要的工具，帮助你从过去的经验中学习，并随着时间的推移系统地提高自己的投资表现。

在阅读本书中列出的常见错误时，我预计你的一种反应是："是的，这是一个愚蠢的错误，但我可没有那么蠢。"甚至在读前言的前半部分时，你可能就已经在这么想了。

人们在面临质疑和压力时，通常会下意识地为自己的失误寻找借口，认为它们确实情有可原或根本算不上错误。不愿意承认自己的错误，这本身就是一个很常见的错误。这是"确认偏误"的一种表现形式，有这类偏误的人会低估那些与自己持有的信念相抵触的信息，同时过于相信那些能证实自己信念的信息。这种确认偏误对我们的投资决策有非常重要的影响。我们喜欢将自己已经做出的投资视为正确的决策，所以当它们表现得不尽如人意时，我们倾向于寻找各种各样的借口来证明只是一些短期的因素让它们暂时看起来不太对。

不幸的是，这些借口往往是谎言。一个常见的问题是对自己的投资进行审查时只从正面的角度出发，试图证明为什么这些投资仍然是出色的买卖，并淡化或忽视其中的风险。但你不能永远忽视风险。在现实中，可以预见但容易被忽视的风险迟早会成为现实，并给我们的投资组合造成巨大的打击。**第五章**将重点介绍此类错误的具体表现和减轻此类错误的技术。

第六章从自己亲自投资的视角转向了如何寻找靠谱的专业基金经理。没有人是精通所有金融领域的专家，将一些投资决策委托给专业人士是明智的选择。但在我们选择共同基金⊖经理或其他专业资金管理机构的过程中，也会经常犯错误。最常见的一个错误仍然是过分关注过去的表现和短期的趋势，跟前面自己投资的时候一样。但我们也将看到一些其他类型的错误。

⊖ 共同基金（mutual fund），在香港地区一般翻译为"互惠基金"，在台湾地区翻译为"共同基金"，在中国大陆，一般投资者并不使用"共同基金"这个词，而是将其称为"投资基金"或"证券投资信托基金"。鉴于作者所处的市场及其语言环境，本书将 mutual fund 全部译为共同基金。——译者注

我们会看到，基金经理们一直在相互竞争，希望尽可能多地吸引投资者的资金。达到这个目的的一种方法是用出色的投资业绩说话，但其他的一些伎俩也非常管用，它们可能会把投资者引入歧途。最终的结果是过多的资金被交到了基金和基金经理手上，但在现实中没有那么多好的投资机会留给他们。这种现象的长期存在导致基金的平均业绩表现明显低于市场基准。

在第六章中，我将重点介绍一些基本的基金挑选方法，可以帮助每个投资者在将投资委托给专业人士时降低失败的可能性。

如果所有这些还不足以让你成为一个更好的投资者，在**第七章**我还将提供一条最终建议。在我看来，关于金融市场是如何运作的这个问题，当前的主流观点往好了说是不完整的，往坏了说则是完全不得要领。

我将向大家解释，在我们目前对市场的理解中，有三个关于市场如何运行的基本假设。但如果这些基本假设是错误的又该如何？我们对市场的全部理解是否都是建立在不牢靠的基础之上的？

在第七章中，我将向你介绍一些有趣的新观点，告诉你传统金融理论在哪些地方可能是错误的，以及这对金融市场和投资者意味着什么。如果你愿意的话，我将带你穿过兔子洞⊖，进入一个由复杂动态系统组成的神奇世界，这将是一场与爱丽丝梦游仙境一样奇幻的伟大冒险。就像爱丽丝在仙境中变得更聪明一样，你也会从这一章中获得智慧，对市场中什么是可能的，什么是不可能的有一个新的认识。

但请注意，第七章介绍的对市场的各种看法目前仍然在发展当中，是尚未完成的最新研究的一部分。事实上，作为一名投资者，你本来就应该意识到，金融市场的所有一切都是处在不断变化之中的。

我将在最后的**第八章**告诉大家，本书不能解决你的所有问题。如果能做到这点的话，这书早就人手一本了。相反，本书只是一个起点。我没有能确保投资成

⊖ "兔子洞"一词出自《爱丽丝梦游仙境》，意为进入另一个世界的入口。——译者注

功的秘密武器，没有让你迅速发财的神奇策略，也没有能解决所有金钱方面问题的万能技巧。没人有这些东西。在本书中我所能做的，就是引导你踏上自己的投资旅程，通过不断努力来成为一名更好的投资者。

我可以指导你如何做好开始的几个步骤，但最终必须由你亲自去完成这趟冒险。我希望自己能做到的，就是为你提供几件称手的工具，让你在这次冒险中更容易获得成功。

| 目　录 |

译者序

作者简介

鸣谢

前言

第一章　最短的投资笑话：预测点位还带个小数点　/ 1
　　未来是不确定的，你必须面对这一事实　/ 4
　　长期预测的误差更大　/ 7
　　复利会放大不确定性　/ 9
　　随着预测期限的增加，不确定性也会变大　/ 11
　　有效数字不是越多越好：信息与准确性　/ 14
　　公司分析的真正价值　/ 15
　　不要试图用一个数字概括所有事情　/ 16
　　在投资过程中考虑不确定性　/ 19
　　如何正确应对不确定性　/ 22

第二章　长期不等于短期之和　/ 27
　　都是媒体的错，不是吗　/ 30

媒体只是症状，不是原因 / 32
短期主义会损害你的财富 / 35
找一个交易的借口太容易了 / 38
不要总想着操作，必须学会等待 / 41
不要太频繁地查看你的投资组合 / 42
专业机构需要建立正确的激励机制 / 43
将预期收益率可视化的方式很重要 / 45
管理你的信息流 / 47

第三章　你是真正的长期投资者还是只是过于固执 / 50

长期投资中的反转策略 / 52
反转策略与动量策略 / 54
长期投资中的价值投资取向 / 55
一个让人警醒的案例 / 59
向短线投资者学习 / 61
短线交易者成功的秘诀：不受情绪影响 / 63
全面分析数据来控制你的情绪 / 65
用心理模型来聚合数据 / 68
拥抱止损策略 / 69

第四章　从历史中能学到的经验是我们不曾从历史中吸取教训 / 77

从经验中学习的实验 / 80
交易开始后一片混乱 / 82
损人利己的泡沫及其回声 / 84
自然环境下的泡沫回声 / 86
记忆退却之后：泡沫再现 / 87
职业风险是从经验中学习的障碍 / 89
大多数基金经理的表现会随着经验增多而变差 / 91
个人投资者也没有从过去吸取教训 / 92
从经验中学习 / 93

XXI

第五章　不要忽略故事的另一面　/ 101
　　开挂也可能赚不到钱　/ 103
　　一个关键的错误　/ 104
　　我们不喜欢听到反面意见　/ 107
　　测试自己的确认偏误　/ 108
　　增长股偏好的成因　/ 111
　　安全边际的价值　/ 113
　　经济增长和股票收益率的关系　/ 114
　　要接触自己不赞同的观点　/ 116
　　改变自己的阅读习惯　/ 117
　　找个"魔鬼"当朋友　/ 119

第六章　借我一双慧眼吧　/ 122
　　花主动型基金的钱买被动型基金　/ 124
　　为什么基金经理主动管理的程度在下降　/ 126
　　一个公开的失败案例　/ 128
　　投资者赔钱的另一种方式　/ 129
　　较低的跟踪误差对投资业绩的影响　/ 130
　　激励很重要　/ 131
　　员工持股的基金表现更好　/ 133
　　小型基金的表现也更好　/ 134
　　一则20世纪60年代的广告可以解释为何小型基金更好　/ 136
　　如何挑出未来投资业绩高的基金　/ 139
　　主动份额也不是万能的　/ 143
　　小型、主动型、员工持股的基金　/ 144

第七章　在复杂的世界中冒险　/ 147
　　为什么德尔菲神庙没能拥有全世界　/ 147
　　外汇市场的机制变化　/ 148
　　外汇对冲基金风光不再　/ 150
　　现代金融理论的缺陷　/ 151

金融市场是复杂的动态系统 /157
来自复杂动态系统的见解 /158
如何从系统的角度来分析市场 /172

第八章 接下来看你的了 /178

认识你自己 /179
提升自我 /181
我对预测的看法 /182
活到老，学到老 /184

参考文献 /186

| 第一章 |

最短的投资笑话：
预测点位还带个小数点

2018年12月7日，英国《金融时报》上刊出了一篇以"市场预测：2019年将面临新的不确定性"为标题的报道，报道中称："投资分析师们预计2019年金融市场的不确定性将继续存在。"该报道还声称："'分析师预测值的中位数'表明，美国经济的实际增长率将达到2.6%，而标准普尔500指数今年将收于3090点。"

这篇文章发表的时候，标准普尔500指数为2633点，因此分析师们的平均预期意味着他们认为该指数将会在一年多一点的时间里上涨17.5%。虽然多数分析师预计标准普尔500指数将在2019年上涨，但其中也有悲观的分析师认为指数会下跌9%。

对于分析师们来说，在每年年底接受媒体采访，公布自己对未来12个月的各种经济指标的预测，在某种程度上已经成了一项例行公事的工作。在这个时间段，来自各家报纸、电视台和杂志等数十家媒体的预测邀请会铺天盖地地发到他们手上。一些媒体甚至会开出盘口，让大家对这些分析师预测的准确性下注，并评选出本年度预测最准的选手。获胜者将有机会作为最近一场牛市（熊市）或经济复苏（衰退）的预言者被永远铭记，至于是否使用括号内的词替换当然取决于实际的市场状况。在最极端的例子中，能提前预测到金融危机或严重衰退的经济学家或分析师甚至会成为全球闻名的超级明星。

面对如此之大的诱惑，经济学家和分析师们往往不会止步于只提供定性或粗糙的预测。他们会用带小数点的数字，对未来股市的点位或经济增长率做出一个更"精确"的点位预测。这让我想起小说家威廉·吉尔摩·西姆斯的一句妙语："经济学家在预测中加入小数点，目的大概是显示自己的幽默感。"

本章开头引用的《金融时报》的报道已经说明了为什么这种所谓精确的预测是有问题的。报道中分析师们最悲观的预测是股市将从当时已经深度低迷的点位继续大幅下跌（在之前的2018年第四季度标准普尔500指数已经下跌了超过10%），而与此同时分析师预测的中位数则显示股市将大幅上涨。预测中位数为17.5%的事实意味着，有一半的受访分析师认为股市收益率应该高于这个数字。因此，一群专业的金融市场专家的总体看法是，2019年标准普尔500指数的收益率可能低至-10%也可能高至20%。

如果未来指数的不确定性范围有这么大的话，从这个集合中选出一个单一点位作为预测值有什么意义呢？

有人可能会说，这种形式的收益率预测只是营销手段，没有投资者会认真对待。但事实却恰恰相反。我认识很多金融分析师和经济学家，他们会在自己的工作中定期做出这样的预测。我从他们那里得知，尽管他们自己知道这样的预测一文不值，但他们的客户，无论是专业投资者还是个人投资者，都是真心想要得到这些数字，而且的确会根据这些预测来决定如何配置自己的投资组合。

在我参加过的很多投资者交流会上，都会有客户问我这样的问题："你对这个经济指标的预测数字是多少？"在之前做过的一份工作中，我曾受邀对新的一年中市场的可能走势进行展望。在听众提问环节，我被问到的第一个问题也是有关股市具体点位的预测。看起来一些投资者不仅会认真对待这些预测，而且很可能会原封不动地接受这些数字。

但我不认为分析师们以精确数字的形式进行预测仅仅是为了取悦自己的客户或媒体记者。因为即使在几乎无人关注的情况下，他们也一直在用精确数字的形式进行各种预测。让我们来看一个具体的例子。吉利汽车是一家中国汽车制造商，收购过沃尔沃等知名汽车品牌，下面是一份关于该企业的研究报告节选：

> "市场需求疲软将导致该企业的主打产品预期销量下降，但优于预期的价格弹性足以抵消这一影响，因此我们将2019~2020财年的营收预期上调2.5%~3.6%。但如果使用更为谨慎的利润率假设，例如考虑到排放标准升级和研发成本增加的影响，我们就只能将盈利预期提高0.8%。"

该研究报告接下来继续预测，认为吉利公司2019年的汽车销售量将达到1 618 939辆，2020年将达到1 753 079辆，2021年则进一步达到1 858 030辆。报告还预计吉利公司2019年的利润率为19.7%，在2020年上升到19.9%，然后又会在2021年回落至19.7%。这些预测数字是与长达15页的极其详细的公司资产负债表、现金流量表和利润表一起呈现给大家的。研究报告的作者提供所有这些数字是为了向投资者展现即将在美国发行股票的该公司是一个极具吸引力的投资机会。

我不确定如果吉利公司2019年售出的汽车数量变为1 618 940辆或者1 618 938辆，或者利润率从19.7%降至19.8%，是否会对分析结论产生什么影响，而分析师的投资建议又是否会因此改变。但如果没有什么不同，那么我不得不说，这份研究报告的作者使用了过高的数字精度，对投资决策没有额外的作用。制表软件可以显示一个数的7位有效数字，这并不意味着你们一定要这样做。

本章将重点讨论这种对本质上不可知的东西进行精确预测的趋势究

竟有何影响，或者说在不确定性如此之大的情况下还坚持完全不合理的多位有效数字预测，可能会对投资者的投资组合决策产生怎样的影响。尽管用精确数字进行预测可以营造一种对未来的确定感，但这种确定感完全是虚幻的。

首先，我将会向大家展示，这样的预测是极不可靠的，而且只要稍有偏离，就会给投资组合带来巨大的损失。其次，如果投资者认真对待金融市场固有的不确定性，并将其纳入投资组合决策，可以让他们的投资组合在不断变化的市场环境中变得更加稳健。如何在实践中做到这一点将是本章第二部分的重点。

未来是不确定的，你必须面对这一事实

如果以精确数字形式进行的预测能达到相应程度的可靠性，我不会对其提出任何疑问。但正如图 1-1 所示，从历史数据看，分析师们的此类预测都远远偏离了目标。

图 1-1　分析师们的预测误差（1999～2018 年）

资料来源：Bloomberg.

该图显示了分析师们每年年初对标准普尔 500 指数收益率所做的预测，与该年年底该指数实际收益率之间的差异。例如，1999 年年初，分析师们预测标准普尔 500 指数将上涨 8.8%，事后该指数实际上涨了 19.5%，因此分析师们此前的预测过于悲观了，低估了 10.7% 的市场收益率（图 1-1 中最左边的柱形图）。而在 2018 年年初，分析师们预计标准普尔 500 指数将上涨 10.3%，但事后该指数实际上却下跌了 6.2%。这意味着他们此前的预测过于乐观了，高估了 16.5% 的收益率（图 1-1 中最右边的柱形图）。

从图中可以看到，在 1999～2018 年这 20 年中，有 13 年分析师们的预测误差都超过了 10%，预测误差的中位数为 4.6%。与标准普尔 500 指数这 20 年 3.6% 的平均年化收益率比较一下，可以清楚地看出，这些预测的偏差比市场收益率本身还要大。

你也许觉得我对这些可怜的分析师们太苛刻了。也许我们应该先放下具体的预测数字，看看他们在预测市场方向上的能力。分析师能正确判断明年的股票市场会涨还是会跌吗？事实证明，在这 20 年的时间里，他们只在 9 年中预测对了股市的走向（见图 1-2）。换句话说，分析师预测股市方向的准确率跟用抛硬币猜测的方法旗鼓相当。

这一结果并非偶然。德国沃尔夫斯堡应用科技大学的马库斯·斯皮沃克斯教授多年以来一直致力于研究经济学家和分析师们的预测能力。作为一名前分析师和投资组合经理，他和同事奥利弗·海因使用欧洲经济中心的调查数据，研究了超过 400 位德国相关专家在 1995～2004 年间所做的各种预测。这些专家预测的对象包括来自美国、欧洲和亚洲的 6 个国家的股票市场收益率和 10 年期政府债券收益率，以及这些国家相互之间的汇率变动。所有这些都是针对未来一年的预测。

研究的结论非常明确。在每一种情况下，经济学家和分析师们的预测误差都大于一种最简单的预测方法：假设一年后的价格仍然等于当前价格。因此，简单地假设市场价格不发生任何变化，其预测效果比 400 名掌握专业知识的分析师和经济学家加起来还要靠谱。

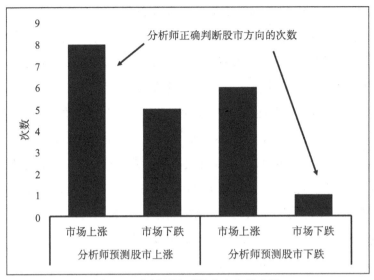

图 1-2　分析师猜对股市方向的次数

资料来源：Bloomberg.

在后续研究中，研究人员又扩大了样本，检验了专家们在 1989～2009 年间对 12 个国家的利率和债券收益率超过 15 万次的预测，发现了同样的结论。他们还发现，专家的预测值与实际值之间的相关性，要低于预测值与做出预测时的当前值之间的相关性。这说明几乎在每一种情况下，预测都更多地反映了做出预测时的市场情况，而不是专家们试图预测的实际目标。当指标上升时，分析师们会预测指标将继续上升，当指标下降时，分析师们则会预测指标将继续下降。很少有人能预测到指标拐点，预测准确率也从来没有高到对投资者有帮助的程度。简单地将当前的指标水平外推到未来可能比相信任何一位分析师的预测都要靠谱。

看起来，虽然分析师们是基于当时的各种情况来预测利率的，但他们的预测效果却还不如直接用当时的利率作为预测结果的办法好。分析师试图在当前利率的基础上进行一定的猜测，并报出一个与当前利率不尽相同的预测数字。不幸的是，这些猜测值的预测效果比简单地使用当前利率作为预测值还要糟糕。

长期预测的误差更大

一些长期投资者可能会辩称,前面讨论的那些提前1年左右的预测跟他们关系不大,因为他们持有投资的时间要长得多。从长期来看,预测误差是可以相互抵消的,因此平均来看,长期投资者仍然可以放心地使用这些预测值。但是正如我在上面提到过的,在过去20年里,分析师们对标准普尔500指数的平均预测误差高达每年4.6%,所以你可能不应该过于乐观。

阿米特·戈亚尔和伊沃·韦尔奇对不同股票估值方法的预测误差进行了系统分析,结果确实表明,不确定性并不会随着投资期限的延长而减小。他们测试了几十种预测股票风险溢价(即股票收益率超过长期政府债券收益率的部分)的方法,发现预测误差是随着预测期限的延长而增加的。

图1-3显示了他们研究的核心结论,但要弄明白该图需要一些解读。首先,研究人员在测试用来预测股票风险溢价的不同模型时,使用了一个综合性最强的模型,可以形象地称之为"厨房洗菜盆模型"(kitchen sink model),把所有不同的方法结合在了一起。他们希望不同预测方法的误差能够相互抵消,这样"厨房洗菜盆模型"的预测误差将会比任何一个单一模型更小。事实上,"厨房洗菜盆模型"的表现确实比大多数模型好一点,但也没有好到哪里去。

图1-3中展示了分析师们的预测结果相对于实际股票风险溢价的均方根误差。均方根误差是一个平均预测误差指标,我在前面预测标准普尔500指数的例子中也使用了这个指标。具体计算方法是,首先根据模型预测给定期限之后(如一个季度或一年)的股票风险溢价,再对每年做出的这些预测进行排序,并计算预测值与实际值的偏差,接着将所有偏差的平方加总起来,最后将上一步的结果除以样本数量再开方。均方根误差是一个没有量纲的相对误差指标,我们可以用均方根误差乘以股权

风险溢价来计算绝对预测误差。

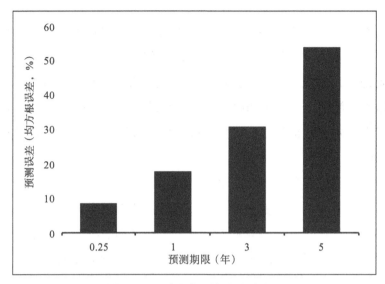

图1-3　股票风险溢价的预测误差

资料来源：Goyal and Welch (2008).

举例来说，如果预测的期限是一年，而平均的均方根误差是20%（在他们的研究中，戈亚尔和韦尔奇使用的是从1902年到2005年的平均值）。如果该时间段内的股票风险溢价为5%，那么绝对预测误差为20%乘以5%，也就是1%。这意味着模型预测的结果是，预测值大概率落在真实值 ±1% 的范围内。

当然，大概率落在这个范围内并不意味着每次都会如此。恰恰相反，每年是否落在这个范围内是不确定的。同样以上面的数字为例，根据均方根误差的设计原理，预计有2/3的年份里实际值会落在预测值 ±1% 的范围内。这意味着，如果预测的期限是1年，均方根误差是20%，预测误差是 ±1%，那么可以预计我们在3年中会有2年看到预测值跟实际值的偏离在预测误差范围内，但另一年的偏离可能会大于1%。

我们再来看看图1-3显示的结果。很不幸，预测误差会随着预测期限的增长而迅速变大。关心未来一个季度表现（0.25 年）的短期投资者，面临的相对预测误差为 8.6%。这意味着如果真实的股权风险溢价是每年 5%（或每季度 1.25%），模型预测值在 2/3 的情况下会落在 1.15% ~ 1.35% 之间。这个准确率已经够高了，也许没什么可担心的。

然而，一个预期投资期限为 5 年的长期投资者，预测正确的前景就要糟糕多了。由于复利效应，每年 5% 的股票风险溢价会让股票在 5 年的投资期限中预期收益率比债券高 27.6%。但与此同时，相对预测误差也增长到了惊人的 53.9%，因此预测结果会在 12.7% ~ 42.5% 之间。这个预测误差大得不可思议。

也就是说，我们可以根据模型判断，在未来 5 年内股票的表现将明显优于债券。但到底是只小幅领先 10% 左右，还是会大幅领先 40% 或更多，那就只能靠大家的运气了。

复利会放大不确定性

预测误差并不是投资者需要面对的唯一不确定性来源。未来收益的不确定性不可避免，并且会对储蓄和投资的结果造成重大影响，预测误差只是其中一种。

一般的金融常识认为，投资者应该长期持有股票和其他风险资产，因为随着投资期限的增加，收益的不确定性会减小。这种智慧显然包含着很多真理。例如，股票在较长期限中表现优于债券的概率要高于在短期中的情况。此外，随着投资期限的增加，股票投资组合收益为负的可能性也会下降。

宾夕法尼亚大学的杰里米·西格尔教授是该论点的主要倡导者之一。他在自己的著作《股市长线法宝》（*Stocks for the Long Run*）中提出，随着投资期限的增加，相对于其他资产类别来说，股票获得最高收益率的可能性会越来越大，收益为负或表现不佳的可能性也会下降。

图 1-4 是用于演示这一观点正确性的典型统计图的一个变种。该图描述的是英国富时 100 指数的收益率区间，时间从 1983 年开始，期限从 1 ~ 15 年不等。在 1983 ~ 2018 年间，富时 100 指数的年化收益率都落在 –31% ~ +35% 这一区间之中，平均年化收益率为 6.7%，大约每 3 年就会有一个收益率为负的年份。

但如果你投资富时 100 指数并坚持 15 年不进行买卖，那么你能获得的最高收益率是每年 12.5%（具体时间是 1983 ~ 1998 年，富时 100 指数在这段时间里一共增长了近 6 倍）；最差收益率是每年 0.4%（从 1999 年持有至 2014 年）。因此，随着投资期限的延长，收益的上下限范围或者说平均年化收益率的不确定性会显著减小。相比短期投资者，投资富时 100 指数成分股的长期投资者面临的平均年化收益率的不确定性似乎更小。

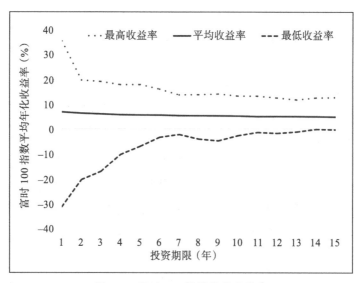

图 1-4　富时 100 指数收益率分布

更重要的是，随着投资期限的延长和平均年化收益率不确定性的减小，得到负收益率的可能性也会降低。以 15 年为投资期限的话，经历负收益的概率就低至 1/10 左右；而如果一个投资者在 1983 年之后投资富时 100 指数，并且坚持持有 20 年，那么他绝对不会在投资期结束时发现自己得到负收益率。

杰里米·西格尔还用跨越更长时期的美国历史数据进行了类似研究，结果同样表明，随着投资期限的延长，股市投资赔钱的概率不断下降。世界上几乎所有股市都是如此，这一点很容易验证。除非发生市场被那些极端事件扰乱的情形，比如世界大战、恶性通胀或大规模的国有化。

必须承认，图 1-4 不存在任何预测误差，因为它是基于市场上已经发生的真实历史表现绘制的。但我仍然认为，这种平均年化收益率的不确定性随着期限延长而减小的看法只是一种错觉。事实上，我认为投资者实际面临的不确定性会随着投资期限的延长而增大。

随着预测期限的增加，不确定性也会变大

为了表明这一点，我绘制了图 1-5 来向大家展示对投资者来说真正重要的东西——将 1 英镑投资于富时 100 指数多年以后的财富终值变化。注意，该图使用的数据与图 1-4 完全相同，唯一的变化就是从平均收益率的视角转到投资所创造的财富的视角。对投资者来说，投资组合的财富终值变化显然比平均收益率更重要。

从图 1-5 可以看出，最佳结果（最高收益率）和最差结果（最低收益率）之间的差异并没有像图 1-4 显示的那样随着期限增加而缩小。期限为 1 年的时候，在富时 100 指数上投资 1 英镑平均可以得到 1.07 英镑的毛收益，收益的区间则落在 69 便士至 1.35 英镑之间。但如果你在富时 100 指数上投资 1 英镑并等待 15 年，最差的结果是 1 英镑变成了 95 便士，而最佳的结果是变成 5.88 英镑。随着投资期限的拉长，财富终值的不确定性在显著增大。一个为 15 年或更长时间的退休而储蓄的投资者会面临非常不确定的后果，从仅损失一点点名义价值（但经通货膨胀调整后会损

失更大），到拥有足以让他的退休生活过得非常舒适的大额财富都有可能。

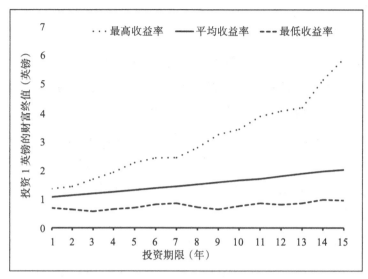

图 1-5 在富时 100 指数上投资 1 英镑的财富终值分布

图 1-4 和图 1-5 之间看似矛盾的背后原因是复利的影响。随着期限的拉长，收益率大小的可能性范围的确在缩小，但经过复利效应的放大后，仍然会造成投资组合财富终值范围的扩大。

换句话说，富时 100 指数的收益率范围缩小得不够快，不足以克服长期限中最高收益率与最低收益率的差异经复利效应放大后带来的指数级增长的影响。

假设股票市场在好年份和坏年份的收益率之差是 20%（例如，在好年份股票市场会上涨 10%，在坏年份股票市场会下跌 10%），那么那些连续经历 15 年好年份的投资者拥有的投资组合的财富终值，大约是那些连续经历 15 年坏年份的投资者拥有的投资组合财富终值的 20 倍（见图 1-6）。

如果希望连续持有投资组合 15 年与只持有投资组合 1 年的财富终值拥有一样的不确定性，比如都是 20%，那么长期收益率的不确定性范围就

必须从 –10% 到 +10% 缩小到一个非常小的区间,大概是 –0.7% 到 +0.6%。在现实世界,15 年期投资的实际收益率不确定性范围要比这大得多,因此,投资组合财富终值的不确定性仍然是随着期限的增加而变大的。

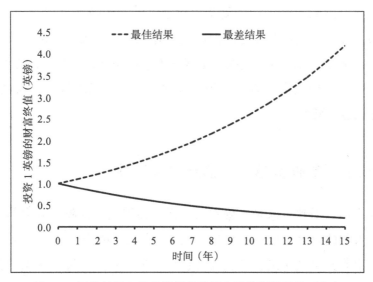

图 1-6　最佳结果和最差结果的差异会随着期限延长而变大

我希望大家能意识到的主要事实是,即使市场收益率会以某种方式趋向于某个长期平均水平,也不足以克服围绕投资组合财富终值的不确定性日益增大的趋势。

现在,让我们再看看另一个加剧问题严重性的事实。在现实中,投资者不是在处理历史收益率,而是必须估计未来的收益率。正如我们在前文看到的那样,随着投资期限的延长,对未来收益率的预测误差会迅速增大,这与平均历史收益率随着投资期限延长而收敛的趋势恰恰相反。这意味着预期收益率的不确定范围会比历史收益率大得多,而在复利效应的助推之下,这种不确定性对最终财富的影响会进一步放大。

预测中出现的任何错误,即使是很小的错误,其影响力也会随着投资期限的延长而逐渐扩大,抵消收益率范围缩小的自然趋势之后还绰绰有余。其结果是，一个长期投资组合可能的财富终值范围，将比图1-5中所显示的更大。

这正是芝加哥大学的鲁伯斯·帕斯特和皮特罗·韦罗内西的研究发现的结果。他们使用了一个复杂的模型，来分析随着投资期限的延长，预测误差和实际股市收益率之间的相互作用。他们发现，随着投资期限的延长，财富终值的可能范围会迅速增大。换句话说，就财富终值而言，股票及所有其他投资的确会变得风险更大，而且随着投资期限的增加，不确定性也会增大。

有效数字不是越多越好：信息与准确性

当人们认识到未来是不确定的，而且预测往往伴随着重大的预测误差时，人们的自然反应是应该在预测中关注更多的细节并改进效果。如果对股市收益率的预测存在较大的误差，那是否能通过直接预测公司未来的盈利，并结合对市盈率趋势的一些假设，来提高收益率预测的准确性呢？理论上通过这种方法可以间接计算出对收益率的预测。因此，能否通过考虑另外两个变量，来对第三个变量进行更好的预测呢？

这种方法从预测一个变量（股市收益率）转向分别预测两个独立变量（一个是盈利，一个是市盈率）。进一步细化一下，可以通过预测公司的销售增长率和利润率来预测盈利，而利润率的预测又进一步取决于对通货膨胀、企业固定成本、利息支出和税收负担等指标的预测。

这样做的好处在于，随着分析师或投资者关注更加细致的信息，他们开始更详细地了解公司的业务，而且不同领域之间的预测误差可以相互抵消。例如，投资者可能对未来的销售增长过于乐观，但对利润率却略显悲观。将两者结合起来进行盈利预测，其结果应该比对任何单独指标的预测都更准确。这是全球分析师和投资组合经理已经在使用的方法，上面引用的吉利公司的研究报告也采用了该方法。然而，在我看来，虽然这种预测方法非常有价值，但它并不能显著提高预测的准确性。

公司分析的真正价值

对一家公司的业务进行详细分析是一种非常有价值的思路，因为这样做可以帮助投资者深入了解公司的运作方式，以及在光鲜亮丽的表面下可能隐藏着哪些风险。例如，对业务的彻底考查可以发现公司未来增长的潜在瓶颈，或者如果环境发生变化，可能会导致公司运营成本激增。这些分析也有助于投资者了解在什么情况下，企业的盈利能力可能会受到影响。虽然准确预测公司未来盈利的发展路径是不可能的，但投资者可以识别出一些可以观察到的趋势，从而及早发现企业未来前景不佳的相关预警信号。

在最恶劣的案例中，深入彻底的分析可以防止投资者将资金投入欺诈性骗局当中。安然就是一个典型的例子，仔细研究该公司业务的分析师们发现自己根本弄不明白该公司是如何赚钱的。公司管理层嘲笑这些批评者，公开表示这些人根本不懂业务。许多投资者选择相信安然管理层的说法，而不是少数分析师的怀疑。最终，事实证明安然的确存在欺诈性行为，许多投资者在 2001 年该公司最终破产时损失惨重。

有史以来最伟大的投资者们，比如本杰明·格雷厄姆，沃伦·巴菲特，彼得·林奇和约翰·邓普顿，在分析公司业务和识别投资机会时可能会使用截然不同的方法。但无论秉持何种投资理念，让这些杰出投资者区别于普通投资群体的，是他们彻底分析一家公司的业务和了解每个业务的风险和机会的能力。然而，他们都没有试图将自己的洞见总结成一个数字，比如目标价格或预期收益率。

一家公司的风险和机会无法用一个数字来概括，只能以一系列潜在可能结果的形式来表达。如果这一系列潜在可能结果显示风险高于机会，明智的投资者就不会投资于这样的公司，或会选择出售已有的投资头寸。只有在分析结果显示机遇大于风险时，他们才会做出投资的决定。

不要试图用一个数字概括所有事情

当然，随着投资者分析某个公司时需要处理的信息量越来越大，将所有的艰难分析简化归纳为单一预测指标的诱惑也会越来越大。这背后有着深层次的心理学原因。在20世纪60年代，学者斯图尔特·奥斯坎普曾邀请32位心理学家进行了一次病例分析，并研究他们在推断病情时的表现。这些心理学家被要求回答25个问题，其中一些问题需要他们对病人的症状和性格做出判断。

奥斯坎普研究设计的关键之处在于他将病例信息分拆成了四个部分。首先，在心理学家们第一次回答25个问题之前，会得到关于病人情况的第一部分信息。之后又会进行第二轮问答，他们同样会在回答问题之前获得第二部分的额外信息。这个过程会再重复两次，每次这些心理学家都会获得更多关于病人的信息。每一轮问答过后，奥斯坎普不仅会要求心理学家们回答关于患者性格的相关问题，而且会要求他们预测一下自己正确回答问题的能力。图1-7显示了他的研究结果。

在每一轮中，心理学家们回答问题的实际准确率均为25%左右。但在每次得到更多信息的时候，心理学家都会因此预测自己正确回答了更多的问题。每过一轮，他们都会对自己的答案更加自信，即使他们的实际准确率几乎没有变化。奥斯坎普报告说，除了2名心理学家外，其他所有的参与者都对自己正确回答问题的能力过于自信。也就是说，他们以为自己回答问题的准确率比自己的实际水平要高。

你也许会认为，评估病人的临床状况是一回事，分析股市或一般的投资完全是另一回事。毕竟，也许没人有办法客观准确地衡量一个病人的性格或患病程度，但上市公司每个季度都会公布大量的财务报表，并向投资者提供衡量其前景的各项指标。有了这些数字的帮助，预测股票或其他资产的收益率应该会更加容易。即使业余人士做不到这一点，至少那些受过财务报表分析培训，且可以花大量时间调查企业的专业人士是可以做到的。可事实真的如此吗？

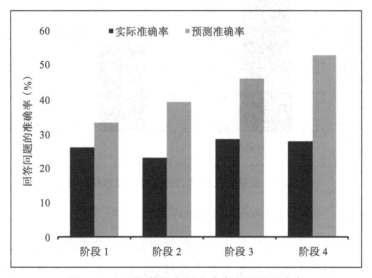

图 1-7　心理评估的实际准确率和预测准确率

资料来源：Oskamp (1965).

图 1-8 展示了古斯塔夫·特恩格伦和亨利·蒙哥马利进行的一项研究的结果。他们邀请了 43 名股票市场专业人士和 63 名非专业人士来预测 20 只不同的股票接下来的一个月的收益率。跟前面的病例研究中的心理学家一样，两组股票市场参与者都会被要求给出收益率的预测值，以及对自己预测误差（均方根误差）的估计。最后，研究者还会要求他们判断自己所在的组和另一个组的预测误差会有多大的差异。这项研究发现了一些惊人的结论。

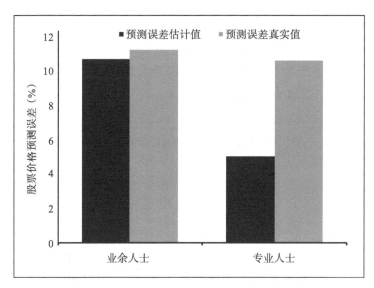

图 1-8　股票价格预测误差的估计值和真实值

资料来源：Törngren and Montgomery (2004).

首先，专业人士和非专业人士在预测股市时的准确率差不多。当被要求从两只股票中选出会在未来表现得更好的一只时，两个组预测正确的概率都只有大约 40%。其次，专业人士对自己预测误差的估计只有他们实际误差的一半；而非专业人士则不会过度自信，他们对自己预测误差的估计大致上与实际误差相当。有趣的是，业余人士认为专业人士的预测应该会比自己的组更准确一点。专业人士和非专业人士都估计专业人士组的预测误差应该只有非专业人士组的一半，但实际情况是两个组的预测误差真实值大致相同。

研究人员还调查了专业人士和业余人士分别是如何做出预测的。他们报告说，业余人士似乎非常依赖经验法则，而专业人士则会分析相关公司或股票的具体信息。但专业人士并没有检查这些信息的可靠性和准确性，因此成了对所使用的数据缺乏分析的受害者。这是为什么基本面分析对于投资绩效如此重要的又一个例子。虽然基本面分析不一定能让投资者做出更好的预测，但确实能防止他们成为不可靠或不准确信息的牺牲品。

在投资过程中考虑不确定性

到目前为止,希望我已经说服了你们相信两个事实。第一,点位预测,比如预测一年后的股票指数水平,对投资者来说几乎没有价值。第二,金融市场中任何预测的误差都可能是巨大的,我们在投资过程中应该考虑到这一点。

为了改善自己的投资决策,创建更好的投资组合,投资者应该重视这两个事实,并根据它们来改造自己的投资决策过程。只有这样,才能避免错误的预测和过大的预测误差导致的决策失误,影响自己的投资表现。

不可靠的点位预测问题在实践中很容易解决:只要坚持不使用这种方式进行预测就行了!在我的职业生涯中,曾先后为欧洲几家不同的财富管理机构咨询管理过三个不同的投资组合,投资对象分别是瑞士股票、欧元区股票和英国股票。我用同一种投资策略来管理这些投资组合,即选择估值有吸引力、资产负债表健康且盈利高的公司。

执行该投资策略的第一步就是确定一份估值有吸引力的股票名单。用来判断估值水平的指标很多,市场上最常用的一个非市盈率莫属。但出于一些我仍不能完全理解的原因,多数分析师使用的是"远期市盈率",即用当前股票价格除以公司在未来 12 个月中的预期每股收益。有些投资者可能没有注意到,使用该指标意味着需要对公司未来一年的盈利进行点位预测。根据远期市盈率大小来选择股票,相当于将这些预测值当作既成事实来用,至少也要假定分析师们给出的相关预测平均而言是正确的。但是,正如我们在上面讨论过的,分析师和研究报告的作者们并不能经常做出正确的预测。

在分析师预测公司盈利时,他们评估的对象既可能是一些增长速度较为温和稳定的公司(如食品公司),也可能是一些盈利增长强劲的公司(如科技公司)。高增长公司的盈利更加难以预测,一方面其业务本身的不确定性更大,另一方面跟所有其他人一样,分析师很容易陷入过于乐观的情绪中，往往会高估该类公司未来的盈利增长。我们在前面的相关研究中已经看到了，专业分析师对未来收益的乐观情绪不太可能会随着他们对公司信息的进一步了解而消失。更深入、更详细地了解一家公司只会强化分析师过度自信的倾向，并使他们更加相信自己之前的评估是正确的，而不大可能让他们重新审视自己对未来增长过度乐观的情绪。

分析师过度乐观的结果是，对高增长公司盈利的预期往往表现出比实际水平更高的增长率。因此，使用远期市盈率指标往往会倾向于得出估值水平较低的结论。换句话说，当使用远期市盈率指标时，高增长公司往往看起来具有比实际情况更大的吸引力。使用这一指标的分析师会无意识地在他们的价值投资组合中过多地配置高成长企业的股票。对于高增长企业而言，这种对未来增长的过度乐观，也意味着实际增长率不及分析师预期的可能性更大。而盈利不及预期的消息一旦发布，通常就会让该公司股票的投资者损失惨重。

基于以上原因，我决定在自己的投资过程中完全避开远期市盈率这个指标。我倾向于使用历史市盈率作为首选的估值指标，即用当前股价除以公司在过去 12 个月中实际创造的每股收益。使用历史市盈率来选择股票，可以避免预测错误和分析师预测过于乐观等一系列问题，但它也隐含一个至关重要的假设：它假设公司过去的利润可以代表其未来的可能盈利。

这听起来似乎是一个过于大胆的假设。但请回忆一下本章开头提到的由马库斯·斯皮沃克斯和他的同事进行的研究。该研究表明，只要假设利率、汇率和其他市场变量在一年内与当前水平保持一致，你的预测准确率就可以在几乎所有情况下都超过那些专业分析师。如果对盈利来说也是如此，那么使用历史市盈率应该比使用远期市盈率效果更好。现实中的真实情况也正是如此。

在图 1-9 中，我展示了用 1996~2016 年间四个不同国家或地区的股票市场数据进行回测的结果。在每个国家或地区，我都分别使用远期市盈率和历史市盈率对市场上最大的股票（即主要市场指数的成分股，如美国的标准普尔 500 指数或日本日经指数）进行了排序。然后，我投资了其中最便宜的 20% 的股票，并将它们的表现与最昂贵的 20% 的股票进行对比。这个程序每月都重复一次。

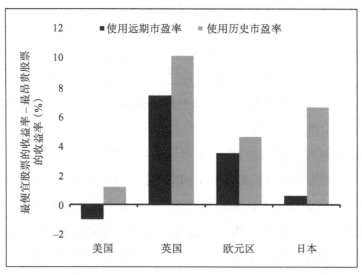

图 1-9　最便宜的 20% 的股票与最昂贵的 20% 的股票投资表现对比

从图 1-9 中可以看到，当使用历史市盈率作为筛选指标时，最便宜股票的表现要明显好于最昂贵的股票，差异程度要高于使用远期市盈率作为筛选指标。这一点在进行测试的所有股票市场上都成立。在美国市场，使用远期市盈率筛选的结果甚至会导致便宜股票的表现逊于昂贵股票，这是很荒谬的。什么水平的估值指标能让昂贵的股票在 20 年这么长的时间里表现优于便宜的股票？

在管理我前面提到的三种投资组合时，使用历史市盈率而非远期市盈率是我投资组合构建过程中的一个关键步骤。虽然我也使用了许多其他技巧，但我的投资组合的年度表现（扣除成本后高出基准数个百分点）表明，完全忽略分析师的预测对获得更好的投资结果很有帮助。

如何正确应对不确定性

学会避免不可靠的点位预测的误导之后，投资者仍然面临着另一个问题：如何在不可避免的不确定性影响下保护自己的投资组合？

应对未来的这种不确定性的一种自然方法是将投资组合分散化。如果不知道未来会发生什么，就不要把所有的钱都投到同一只股票上，也不要选择只持有一两种资产。虽然这是老生常谈了，但分散投资确实是应对意外结果的最佳保护措施。但这又引出了另一个问题，如果我已经决定把自己的钱分散投资了，比如分散到10种不同的资产中，那么应该在每种资产中投入多少钱？

如果我想将投资分散到10个国家的股票市场中，选择将91%的资金投资于美国股票市场，其他9个国家各投资1%的方案，肯定完全不同于将91%的资金投资于日本股票市场，其他9个国家各投资1%的方案。而且上述两种方案都有问题，以这种方式进行分散化配置能获得的好处相当有限，因为将91%的资金投入到单一国家市场仍然没有解决风险过度集中的问题。

有很多方法来决定投资组合中每种资产的权重，但我建议在做决定之前先退一步，问自己一个问题：设想一下在对未来一无所知的情况下，投资者应该怎么做？如果我对未来一无所知，就不知道美国股市的表现是否会超过日本股市，或者科技类股票是否会超过医疗保健类股票，我甚至不知道未来股票市场的收益率是否一定会超过债券市场。

当然，事后看来，似乎过去几十年里美国股市的表现遥遥领先于日本股市，而在过去的一个世纪中股票市场的收益率都超过了债券市场的收益率。我们可以等到第二步再考虑这些信息。但现在，让我们假设自己就是一个一无所知的投资者。在这种情况下，分配资金的最好方法就是在每一项投资上投同样多的钱。通过这种方式，我尽可能平均地分散自己的投资，并确保我对所有未来的赢家都有适当的敞口；当然，也会有适当的敞口暴露在了未来的输家上。

每当我问投资者他们自己不喜欢投资组合中的哪一部分的时候，很多人的回答都是其中没有他们不喜欢的资产，或者说他们的投资组合里的每一类资产都将迎来优异的表现。这其实是一个危险的信号。在一个真正分散化的投资组合中，总会有一些你讨厌的资产，它们要么正处在亏损当中，要么有很大的概率会跑输大盘。正确的分散化要求你必须这样操作。当然，在一个高度分散化的投资组合中，也总是会有你喜欢的投资，它们正在给你带来高额的收益。如果你按照正确的步骤构建了一个高度分散化的组合，组合中赢家带来的收益将足以弥补输家造成的损失。

在一项开拓性的研究中，维克托·德米格尔和他的同事们将这种等权重投资组合与市场上流行的各种最优化方法创建的投资组合的实际表现进行了比较，并进行了各种测试。他们发现，用于比较的14个不同的优化投资组合策略，没有一个的表现能超过简单的等权重投资组合。他们估计，如果投资组合包含25种不同的资产，要使一个用最优化方法构建的投资组合表现优于等权重投资组合，需要使用3000个月（250年）的数据来优化模型。如果可供使用的历史数据小于这一范围，各资产收益率的预测误差就会抵消优化模型带来的收益，而简单的等权重投资组合就会被证明是更优的。现实中大多数投资组合的投资对象都超过25种不同的股票和债券，因此可能需要数千年的数据才能克服对不同资产未来收益的预测误差。

采用等权重的方法构建投资组合有一个主要的挑战，就是无法通过调整组合的风险分布来适应不同投资者的个人需求。如果总是将等量的钱投入到每种资产中，投资组合的风险就是确定的。如果对某个投资者来说，这个量级的风险对特定的投资者来说太大，那么很难将这种风险降低到可接受的水平。

应对这一挑战的一种方法是，仍然假设我们不知道所投资资产的未来收益，但对它们的风险大小有所了解。例如，我们可以高度自信地说，股票的波动性比债券更大，其投资者可能会面临更高的短期损失可能性。对于一系列资产，在投资者知道其风险但不知道其收益的情况下，最优的投资组合被称为最小方差投资组合。在这种类型的投资组合中，所有的资产以一种特殊的比例来配置，使得最终的投资组合具有最低的总体波动性。这类投资组合的一个近亲是风险平价投资组合，两者都属于低风险投资组合，它们的表现和等权重投资组合差不多，而且都显著优于传统投资组合。

此外，在实践中我们并不会完全无视不同资产的预期收益率。举例来说，尽管我们不可能有绝对的把握确定美国股市在未来的表现是否会超过日本股市，或科技板块能不能跑赢医疗保健板块，但我们有足够的证据表明，长远来看股票比债券的收益要高，债券比货币市场的收益要高。

各种学术研究已经统计了数以百计的各类风险超额收益，其中大多数可能只是数据挖掘的结果，或者因为机制过于复杂而不能被大多数投资者理解或利用。但也有一些案例表明，投资于某些类型的资产（如动量股票或价值股票）能获得系统性的优势。显然，我们希望能投资这些具有优势的资产以获得更高的利润。

在这些情况下，我们可以尝试将这些关于不同资产预期收益率的知识整合到投资组合构建的过程中，但同时也不得不考虑如何处理预测误差带来的新的不确定性问题。然而，这就是投资组合优化过程中技术性最强和最为困难的地方。我用过的两个最好的方法是重新抽样技术和未来收益率的贝叶斯估计。

由理查德和罗伯特·米肖德开发的重新抽样技术是一个相当前沿的估计方法，可以通过对过去收益率的重新抽样为投资组合中的每种资产模拟多条不同的未来路径。在每一条未来路径中，可以使用某个典型的优化方法（如哈里·马科维茨开发的均值-方差方法）来计算一个最优投资组合，再用不同未来路径上的最优投资组合的平均值来确定资产的配置方案。

贝叶斯方法可以将每种资产收益率的预测与预测误差的显性估计结合起来考虑。考虑预测误差会导致每个资产的预期波动率更高，从而改变最终投资组合中资产的配置比例。这两种方法在数学上都更复杂，但在实践中，根据它们构建的投资组合表现会远远超过传统投资组合或典型的基准指数。

然而，对于绝大多数的实际应用来说，一个简单的等权重投资组合或最小方差投资组合就已经够用了，并且很难被击败，即使与最复杂的优化方法相比时也是如此。

最后我想强调的是，应对未来不确定性的最好方法可能是灵活变通。婚姻可以以白头偕老为目标，但投资没必要持续那么久。即使是以长期投资闻名的沃伦·巴菲特，也愿意在公司业务不及预期或经营环境发生变化时放弃一些投资。

每个投资者都需要找到一个平衡点，一方面要坚持长期投资，让它们能充分发挥自己的增长潜力，另一方面也要对不断变化的环境做出反应，根据能实质影响股票长期收益的各类因素及时做出调整。如何在这两个相互矛盾的要求之间找到适当的平衡将是本书接下来两章的主题。

■ 本章要点 ■

- 分析师们对利率、股市收益率等其他重要金融市场变量的各类预测是出了名的不可靠。即使是在预测这些指标的变化方向时，最优秀的专业人士也很难强过抛硬币瞎猜，更不要说预测收益率的具体数值了。
- 在实践中，简单假设利率、股票市场或汇率将会在一年后保持现在的水平，比分析师们的预测或共识更能预示未来。
- 要预测投资期限为一年的资产收益，预测误差是很大的。而投资期限更长时，预测误差会更大。收益率均值回归的趋势不足以克服复利对预测误差影响的指数放大。
- 对公司基本面或宏观经济的深入分析并不能提高分析师点位预测的质量，只会让他们对自己的预测准确率更加盲目自信。
- 基本面分析是有价值的，它能帮助投资者识别出对投资有重大影响的风险和机会。但这距离能够做出精准的预测还差得很远。
- 如果投资者希望改善自己的投资效果，他们就需要认真对待关于未来的这种不可消除的不确定性。一方面要警惕基于点位预测的指标，比如预期盈利，或者完全放弃基于预测数据进行分析的思路。要做到这一点，在构建股票投资组合时就要避免使用远期市盈率和其他依赖预测的指标，改为使用历史市盈率和其他不依赖预测的指标。另一方面，应该构建广泛分散化的投资组合来分散风险，这可以通过在每种资产上投资等量的资金来实现。这种等权重投资组合在现实中很难被更复杂的模型击败。

| 第二章 |

长期不等于短期之和

想象一下你正在管理一个股票投资组合。因为我现在居住在英国，让我们假设这是一个由英国股票构成的投资组合。我是一个长期投资者，所以我们就将投资期限设定为十年以上。因为每年都需要报税，所以你每年至少会检查一次投资组合的盈亏情况，也就是说要核查一下在过去的一年中赚了多少或者亏了多少。因为股票市场的波动性，这个投资组合平均每四年就会遭遇一次损失。而在另外的三年里，可能会有所盈利。这听起来似乎很不错，虽然交税让人不爽，但检查自己的投资组合也是一件让人期待的事情，因为大多数的时候你都在赚钱。

和其他人一样，我也喜欢看到自己的投资组合带来盈利的感觉，我也很好奇这些盈利到底是怎么发生的。于是我试着不仅仅是一年检查一次投资组合，而改为一个季度检查一次。由于股票的波动是很大的，每个季度检查一次投资组合意味着，出现负增长的情况要比一年检查一次更多一些。每四个季度就会出现一次多一点的亏损情形。虽然盈利的次数仍然比发生亏损的次数更多，但现在我几乎每年都会感受到亏损带来的负面情绪。

如果我决定更频繁地检查自己的投资组合，那么情况会变得更糟。如果每个月检查一次，我的投资组合每年大约会发生 5 次亏损，预计只有 7 个月是盈利的。如果每天查看我的投资组合，我会发现一年中大约有 120 个交易日是亏损的，130 个交易日是盈利的。

你有没有注意到，检查投资组合的频率变化会影响我发现自己遭受损失的概率？如果每年检查一下投资组合，我遭受损失的概率是 1/4。对同一个投资组合来说，如果改为每天查看，遭受损失的概率将增加到 1/2。

现在请扪心自问，在发现自己的投资遭受损失时，你会做何反应？你会失望吗？会生气吗？可能两者皆有。但最重要的是，你会有做点什么的冲动。你不能接受只是坐在那里什么都不做。毕竟，你的投资组合正在赔钱，你总要做些什么来阻止这种情况。

如果每年只看到自己的投资组合出现一两次亏损，也许你可以忍住不去动它，但如果每年遇到 120 次亏损，你恐怕就无法抑制内心的冲动，要卖出某些正在下跌的资产并购买一些其他东西来代替它们。即使你是一个长期投资者，也会突然忍不住按日或按月进行投资组合管理，随时改变自己的投资方向，希望避开输家资产，改投赢家资产。当你专注于观察短期波动而不是长期变化时，这种情况就会发生。

短期的市场波动令人着迷和兴奋。正如我们将在本章后面看到的那样，正是因为具有吸引眼球和让人保持兴奋的特性，它成了金融媒体最喜欢报道的对象。充斥于媒体上的来自各个金融市场的滚动消息让我们兴奋不已。无论是央行上调利率的操作，还是某家公司的最新季度财务报表，或者是中东局势紧张，任何消息都有可能影响你的投资组合。从股票、债券、货币到大宗商品，所有东西的价格都处于不断变化之中。很多时候，这些事件和变化看起来似乎会对你的投资组合产生持久的影响，因为它们可能会改变游戏规则。但实际上，大部分类似事件在短短几天之内并不会产生什么强烈的影响。

我曾经在电视上看过一个采访，一个记者问一个所谓的专家，某个特定的事件是否有长期影响。他的回答是，他关注的是短期，因为长期结果是由一系列短期结果决定的。听到这句话我不由得看向挂在我办公室墙上的一张"俄罗斯帝国债券"。在很长一段时间里，该债券一直都能提供每年 5% 的丰厚利息，直到有一天发生了十月革命。在这个案例中，长期根本不是短期的总和。那些已经破产的公司和国家的股票和债券的投资者已经用自己惨痛的经历说明了这一点。从阿根廷到印度尼西亚，从安然公司到帕玛拉特公司，很多资产在无数个短期中表现良好，然后突然发生了崩盘。

投资者的短期感受可能与投资的长期结果截然不同。短期内，所有的一切可能在很长一段时间内让人感觉良好（例如在股市泡沫的形成阶段），却在某个错误的时刻忽然崩溃，让投资者蒙受巨大的损失。同样，很多事物在短期内可能看起来比实际情况糟糕得多，正如前面频繁检查投资组合的例子中所显示的那样。我们将在本章中集中讨论投资者的短期主义倾向对实现他们长期投资目标的负面影响。

但是首先我们得弄清楚一个问题，什么样的人或机构属于长期投资者？我的回答是几乎所有人。养老基金、保险公司和大学捐赠基金等机构投资者管理自己的资产的目标是满足未来几十年中的资金需求。而个人投资者通常不得不为退休或孩子的教育存钱，他们的目标通常至少也是几年以后，如果没有几十年那么长的话。

但在现实中的投资者却越来越倾向于进行短期投资，而不是坚持与自己真实目标相匹配的长期投资。图 2-1 显示，投资者持有一只股票的平均时间从 20 世纪 80 年代初的大约 5 ~ 6 年下降到 21 世纪初的不到 1 年。当投资者真正的投资目标仍然是满足自己的长期资金需求的时候，是什么让他们的投资操作变得如此短线化？

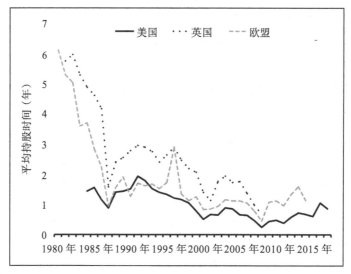

图 2-1　投资者平均持股时间

资料来源：World Federation of Exchanges.

都是媒体的错，不是吗

在谈到造成投资者日益严重的短视倾向的罪魁祸首时，我们有很多可以指责的对象。其中最常见的一个是互联网和金融媒体。在动动手指就能接触到海量信息的今天，内容提供商之间的竞争也愈演愈烈。正如"虚构摇滚乐队"的歌词所唱的那样，各家媒体都必须"时刻抓住观众的眼球"。

现在，如果你打开美国全国广播公司财经频道（CNBC）、彭博电视台或任何其他金融电视台，屏幕下方大部分时间都会滚动着一条条新闻速递，而突发紧急事件播报每天也会出现好几次。在一百年前，只有在人们蜂拥前往银行大楼前排队进行挤兑的时候，才会出现这样的紧急事件播报。现如今，一位央行行长在晚宴演讲中说错几个字也能算得上一个紧急事件。

一个显而易见的事实是，金融媒体对市场走势的影响越来越大。我们以股票市场对政府债券市场"收益率曲线倒挂"（即长期利率低于短期利率）的反应速度为例。从历史上看，收益率曲线倒挂是一个相对有效的信号，美国经济通常会在该现象首次出现后 1~2 年左右的时间内经历一次衰退。以前只有金融专业人士才能实时接触到短期和长期政府债券的收益率，从而有机会第一时间注意到收益率曲线倒挂的现象。而在该现象出现后，通常需要几天的时间才会在股市中有所反映。

随着 1989 年 CNBC 开播和 1994 年彭博电视台的推出，以及 20 世纪 90 年代互联网的兴起，这类信息现在几乎可以立刻传递给每个人。更重要的是，金融新闻媒体为了提高其观众的参与度，会以突发新闻的形式来高调宣布收益率曲线出现倒挂的消息，并邀请各路专家进行详细解读，以确保每个观看者都能了解市场正在发生什么，以及这对他们的投资意味着什么。

图 2-2 显示了历史上收益率曲线倒挂引发的市场反应及其速度。在 20 世纪七八十年代，市场对收益率曲线倒挂的短期反应是非常难以预测的，但随着财经频道和互联网的出现，越来越多的投资者会立刻对能预示衰退的"坏消息"做出反应，收益率曲线倒挂对市场的影响变得越来越同质化，负面冲击也越来越大。CNBC 开播后，在收益率曲线倒挂出现的当天，美国股市只在 1998 年的那次出现了正收益，当时美国正处于 20 世纪 90 年代末的科技泡沫之中，任何消息都不能撼动股市一往无前的上涨势头。

为了让普通的观众和读者也能理解像收益率曲线倒挂这种事件的影响，财经新闻媒体在很大程度上依赖于专业股评家的分析和看法，而普通投资者在收看过相关节目后会迅速做出反应。杰弗利·巴斯和克利夫顿·格林研究了投资分析师接受 CNBC 采访后，在谈话中提到过相应个股的市场表现。研究发现，在 CNBC 节目中出现的上市公司，其股价会在几秒钟内做出反应。在该公司被讨论的一分钟内，交易量就会翻一番。

如果是利好消息，其冲击反映在股价上仅需要一分钟。

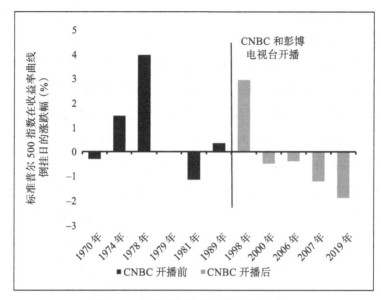

图 2-2　市场对收益率曲线倒挂的反应

资料来源：Bloomberg, Author's calculations.

在上述研究发表几年后，保罗·特劳科又研究了华尔街日报上最受欢迎的一个商业分析专栏，发现上面的文章发表后不久，相关的负面消息就会对公司的股票价格形成向上或向下的压力，并导致更高的交易量。

总体而言，媒体在加剧投资者的短期主义倾向这一问题上似乎至少要承担部分责任。

媒体只是症状，不是原因

但我要为在 CNBC、《华尔街日报》和其他金融新闻机构工作的朋友们说句公道话，投资者近年来出现变得越来越短线化的趋势并不都是他们的错。如果观众和读者对某类信息不感兴趣，媒体就不会播放相关内容。媒体通过不断的试错和修正，来判断什么内容能卖座，什么内容不卖座。而对金融市场而言，对资产价格短期走势的预测恰恰是最卖座的内容。

为了了解我们对通过短线操作盈利的渴望有多么根深蒂固，有必要看看汉斯·布雷特和他的同事们所做的一项神经科学研究。他们邀请了12个志愿者参与一个投资游戏，并在游戏过程中对志愿者的大脑进行功能核磁共振扫描。功能核磁共振成像可以测量大脑不同区域的氧气水平和血液流量，从而给我们提供一些线索，让我们能判断在进行投资决策时，大脑的哪个区域最为活跃。

伏隔核是研究人员最感兴趣的大脑区域之一，这是大脑两个半球中都存在的一个小区域，与多巴胺的产生有关，而多巴胺能触发奖励感。伏隔核和其他参与"大脑奖励回路"的大脑区域，能对我们的行为产生一种强大的驱动力。当这些区域被激活时，我们会感到快乐和兴奋，从而产生继续或再次从事某些事情的动力和动机。布雷特在之前做过的有关毒瘾的实验中发现，这些奖励回路也会受到像可卡因等毒品的刺激，增强了这些毒品的上瘾性。因为伏隔核的激活是如此令人愉悦，我们可能会对能触发这种感觉的任何东西上瘾。

在投资实验中，布雷特和他的同事会给每个参与者一笔钱，让他们选择一个资产进行投资，然后用功能核磁共振观察他们的大脑。两秒钟后，研究人员会从三种类型的资产中选择一种，并告诉参与者他投资的就是该资产。每种资产都有三种等可能性的收益结果。其中"优质资产"的净收益可能为10美元、2.5美元或0美元。"劣质投资"不会产生正收益，反而可能会带来6美元或1.5美元的损失，但也可能损益相抵。而"一般资产"可能赚2.50美元或损失1.5美元，也可能损益相抵。

资产类型会在2秒钟内被展示给参与者，但投资的实际结果将在8秒钟后被展示。所以在这中间的6秒钟内，参与者都处于对未来得失不确定的状态。图2-3展示了实验过程中伏隔核的激活情况。

该研究中一个有趣的发现是，激活反应最高的时间段恰恰是在参与者知道自己投资的实际结果之前的6秒内，而不是在他们明确知道自己投资的收益或损失之后。即使面对有很大可能带来损失的"坏投资"，参与者在此期间也处于高度兴奋的状态。

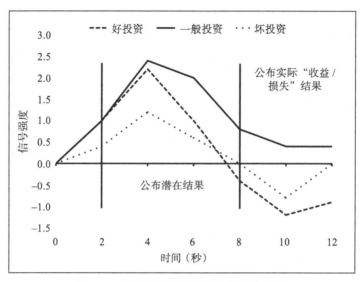

图2-3 对经济收益的预期会激活伏隔核

资料来源：Breiter et al. (2001).

这个实验和其他一些实验都表明，投资本身具有成瘾性，它激活的大脑区域与毒品激活的区域相同。投资的兴奋不是来自赚钱的结果，而是来自对结果的期待。

在我看来，这是交易如此令人兴奋的根本原因，也是我们作为投资者倾向于短线投资的原因。每次我们购买一项投资，大脑就会得到一点多巴胺的刺激；每当我们得到一些关于该投资的新消息时，大脑就会感受到另一次多巴胺刺激，因为我们预期这个新闻会对投资结果产生潜在的影响。作为人类，我们被设定为会去做更多能给我们带来快乐的事，这驱使我们去寻找更多与所做投资有关的新闻。

短期主义会损害你的财富

如果在面临损失时能做到坦然自若的话，短期主义对你来说可能不会如此危险。本章开头的例子表明，如果你更频繁地查看自己的投资组合，就会更频繁地发现自己在遭受损失，在此过程中你的情绪会像过山车一样起伏不定。

首先，每当你查看自己的投资业绩并期待得到积极结果时，大脑中的奖励回路就会被激活，并给你提供多巴胺。但越频繁地查看投资表现，就越有可能发现自己在经历损失。第一次看到自己的投资组合出现亏损，你可能会耸耸肩。第二次你可能就会有点担心了，特别是在上一次检查投资组合时碰巧也出现了亏损的时候。而如果在短时间内经历太多次损失，或者损失非常大，你大脑中负责产生恐惧和愤怒等感觉的区域就会启动。

卡梅利娅·库嫩和布赖恩·克努森的研究证明，当我们经历损失时，大脑中像杏仁核这种负责恐惧情绪的区域会被激活。这可能会引发投资者做出逃离（卖掉所有资产）或争执（我必须跟这位投资经理谈谈，告诉他我对其业绩的看法）的反应。

图 2-4 显示，即使是专业投资人士身上也会有这种短期主义倾向。该图是基于对 3400 家美国养老基金聘用和解雇投资经理的决策的一项研究结果。

图 2-4 的左半部分显示了投资经理在被解雇之前的几年中，相对于同行的投资表现。在被养老基金解雇之前的 2 年左右，这些基金经理的表现是逊于同行的。可以推测，他们之所以被解雇，也是因为投资表现不如同行业的其他投资经理。

其次，被养老基金聘用的那些投资经理在被聘用前的几年中表现相对较好。这说明当遇到业绩不佳的情况时，这些投资机构会抛弃连年亏损的输家基金经理，转而聘用一个在过去几年持续盈利的赢家基金经理。

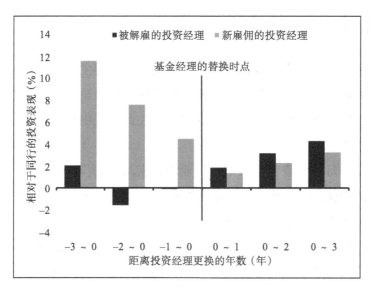

图 2-4 投资经理被养老基金解雇前后的表现

资料来源：Goyal and Wahal (2008).

但图 2-4 的右半部分显示，养老基金聘用的那些所谓赢家基金经理并不能保持他们的赢家身份。

在被养老基金聘用后的几年里，他们的表现比那些被解雇的基金经理还要差。在很多投资者看来，持续 2～3 年的表现不佳已经是一段非常长的时间了。如果一个投资经理在这么长的时间中表现都不如自己的同行，他的业务水平一定会被愤怒的投资者疯狂攻击（相信我，我知道）。但这样的时间长度似乎还不足以区分优秀和平庸的基金经理。

仅仅根据几年的业绩就做出撤换基金经理的决定会导致这些养老基金遭受双重损失。一方面他们锁定了被解雇的基金经理在表现不佳的时期遭受的损失，另一方面又错过了这些基金经理从逆风期中恢复过来后的出色表现带来的收益。

跟上述这些养老基金比较起来，基于短期市场变化匆匆决策的个人投资者情况更加糟糕。20 世纪 90 年代末科技泡沫狂热时期，布拉德·巴伯和特伦斯·奥登从美国一家经纪公司获得了其数千名客户的投资组合数据。他们分析了这些个人投资者的交易行为及其投资组合的表现。他们的发现以一系列论文的形式发表，形成了过去几十年中学术界在投资领域最著名的发现之一。提倡长期投资的理财规划师和银行经常引用他们的发现，但"奇怪"的是依赖交易佣金收入的券商却很少提及这些结果。

图2-5展示了相对于股票市场整体表现而言，这些个人投资者的投资表现。他们将收益率按投资组合的周转率进行了分组，并分别考察了剔除交易成本和经纪费用前后的情形。好消息是，在不考虑交易成本和费用的情况下，这些个人投资者的平均收益率高于股票市场整体。更妙的是，更积极、投资组合周转率更高的投资者往往比偏向被动投资的投资者表现更好。因此，至少在20世纪90年代末的这个样本中，投资者卖出原来持有的一只表现不佳股票，转而买另一只走势更好股票，这样的操作似乎是可以产生价值的。

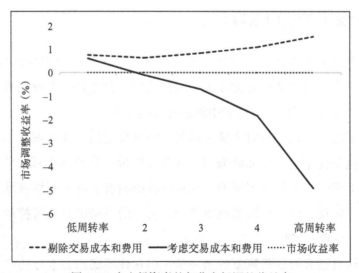

图 2-5　个人投资者的年化市场调整收益率

资料来源：Barber and Odean (2000).

然而，一旦将交易成本和费用考虑在内，情况就更糟了。高周转率的投资组合收益率大幅下降，因为交易成本快速地吞噬了所有收益，甚至进一步腐蚀掉了本金。

考虑费用后，高周转率的主动策略投资组合的表现比股票市场整体的表现每年差了5%，跟被动策略投资组合的差距更是达到了每年6%。如果股市的整体收益率像20世纪90年代末的科技泡沫时期那样每年高达10%～20%，那么当事人可能还察觉不到这种差距。但在更常见的正常时期，费用和成本的影响可能是巨大的。

根据瑞士信贷银行发布的《全球投资收益年鉴》，在2000～2018年期间，全球股市的平均年化收益率仅比同期的通货膨胀率高了2.1%。因此，如果股票组合每年表现比市场整体差5%，意味着剔除通货膨胀后投资者将遭受约3%的净损失。

所以数据告诉我们，短期主义会损害你的财富。

找一个交易的借口太容易了

在整个职业生涯中，我曾无数次为各类个人投资者提供投资建议，在每一次介绍巴伯和奥登的相关研究结论时，我总是会惊讶地看到它们在拥有交易导向思维的投资者中激起的强烈反应。

在了解了人们交易时大脑内部发生的变化之后，我才理解为什么这些人对该研究结论反应如此强烈。这就像告诉一个经常喝酒过量的人他是酒精上瘾了，需要得到帮助。几乎没有酗酒者会在一开始就承认自己有问题。相反，他们会激烈地争辩说，自己的酒精消费是可控的，不像其他的失败者，那些人确实是上瘾了。

承认自己有问题是恢复的第一步，但往往不到山穷水尽的境地没有人能迈出这一步。

以我的经验来看，个人投资者认为更积极（以交易为导向）的投资方式不会对业绩造成损害的主要理由有如下几个。

第一个论点是，也许对一般人而言前面列举的那些研究结果是正确的，但"我跟一般人不一样，因为我的投资表现一直都很好"。

我无法反驳这种例外论，但我通常会建议他们进行一个简单的测试。如果你是一个喜欢频繁交易的投资者，那就把你投资组合中一定数量的资金投入一个指数基金，这类基金会被动地复制你所在国家的股市或全球股市。就我们的目的来说，可以只投入一个相对较小的金额，然后将这个账户将作为衡量你投资表现的标尺。

重要的是，你必须做到在一年之内不去变动这个账户上的投资。对于你的其他投资，你作为一个短期交易爱好者，可以随意进行平时喜欢做的各种操作。

年底时，请计算一下你主动操作的投资组合的收益率（百分比而不是美元），并将其与投资指数基金的账户比较。根据我的经验，这种经历可以让大多数人学会谦卑。如果你仍然倾向于认为今年只是运气不好，从长期来看你会轻松击败指数基金，那么我建议你第二年或第三年再试一次。

我经常遇到的第二个论点是，巴伯和奥登的研究结果（如图 2-5 所示）可能是正确的，但这项研究是在 20 世纪 90 年代末进行的，因此已经过时了。从那以后，投资者受到了更好的教育，可以获得更多的信息，这将使他们得以避免过度交易的副作用。

幸运的是，我们可以用数据来验证这一论点，至少对美国市场来说是这样。因为共同基金和交易所交易基金必须每天报告资金流入和流出，我们可以计算一个每日买入卖出基金的"平均投资者"的投资收益率，并将其与一个被动持有基金而不进行频繁交易的投资者的表现进行比较。晨星（Morningstar）公司已经连续多年进行类似的计算，并每年更新并公布一次结果。

根据该公司的报告，在截至 2018 年 3 月 31 日的 10 年时间中，相对于购买并被动持有基金的投资者，频繁交易的投资者每年的平均表现低了1.4%。但是不同的基金差别很大。对于大盘股混合基金来说，每年的收益率差距相对较小，只有0.6%。对于欧洲股票基金而言，因为该类资产在该时间段内受到了全球金融危机和欧洲债务危机的冲击，每年的表现差距达到了10.5%。这些数字清楚地表明，在过去的10年里，进行频繁买卖操作的基金投资者依旧表现不佳，跟20世纪90年代的股票交易员一模一样。在过去的20年里，似乎一切都没有改变。如果你回想一下前面介绍过的关于短期投资操作带来兴奋感的神经学证据，你应该不至于感到太过惊讶。短期主义对我们来说是很自然的，如何克服这种倾向是作为投资者需要学会的最重要的事情之一。

最后，我经常从热情的短线交易者那里听到的第三个观点是，自从20世纪90年代以来交易成本已经经历了大幅下降。随着网络交易平台的出现，费用已经低到几乎是象征性的水平，所以几乎不会影响到投资的整体业绩。

但前面晨星公司的报告已经显示，到2018年为止主动策略与被动策略的收益率差距仍然存在，至少从基金数据来看是这样。但使用巴伯和奥登的研究结论能更好地说明这个问题。因为网络交易平台兴起的时间正好位于他们最初的研究样本期间，所以他们很容易比较同一位投资者从传统经纪账户转到线上账户前后的收益率变化情况。图2-6显示了比较的结果。

虽然在转向收费较低的网络平台后，主动交易投资者的总收益率和净收益率之间的差距略有下降。但数据显示，从传统经纪账户转到网络账户的过程中，主动交易投资者的整体业绩变差了很多。

我不能确切知道业绩下滑的原因，但最佳猜测是，随着转向网络平台，关于投资组合的短期业绩的信息变得更容易获取了。在传统经纪商时代，要了解和检查自己投资组合的表现，你必须阅读经纪公司发给你的书面报告，而这些报告通常只能以每月或每季度的频率发布。此外，要完成交易，你必须通过电子邮件或电话来给经纪公司下交易指令。

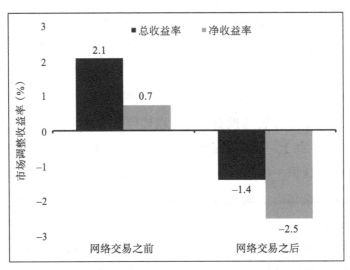

图 2-6　网络交易前后主动交易投资者的年化市场调整收益率

资料来源：Barber and Odean (2002).

所有这些操作都需要时间，它们成了在交易执行之前必须克服的障碍。而在一个网络经纪账户中，每一条新闻都被即时传达到投资者面前，交易也只需点击几下就可以执行。此外，短线交易者现在可以实时观察自己的盈亏情况。盈亏更新更频繁意味着更多的诱惑在刺激你交易，而同期不断增加的财经新闻报道将为交易提供一个更为充分的借口。频繁的短线操作与获得长期收益的目标是背道而驰的，投资者真正该做的是降低自己的交易频率。学会等待是获得更好业绩的第一步。

不要总想着操作，必须学会等待

如果短期主义是一个严重错误的话，那么每一个增加长期主义倾向的行动都应该有助于改善业绩。但长期投资的问题在于它往往会让人觉得无聊。

如果打开一张 20 年、30 年甚至更长时间的股市走势图，你会发现它看起来只有一个平稳的趋势，肉眼可见的偏离只会偶尔发生，而大部分的时间里长期走势只是单调地不断上涨。没错，长期投资者也往往是非常无聊的人。

想象一下，你去参加一个聚会，开始在吧台边和一个小伙子聊天。你发现他是一个很厉害的投资者，所以你问他有没有什么股票推荐。结果他告诉你：“我上一次股票操作是五年前买入可口可乐的股票。”谈话到此结束。我认识一些基金经理，他们管理着一些世界上最成功的基金，但他们每年只会进行一笔或两笔交易。你很难说服一些投资者接受这样的基金经理。

市场充满了不确定性，从货币政策的变化到地缘政治风险，新闻频道每天都充斥着突发新闻和重大事件。投资者把他们的钱托付给你，而你却几乎什么都不用做？他们付钱给你难道不是指望你随时有所行动吗？

正如我们将在第六章中所讨论的，我当然希望基金经理真正积极地行动，但这并不一定意味着高成交量和频繁换手的那种积极。在市场快速波动、新消息层出不穷的时候，许多投资者沦为了短期激进主义的牺牲品。他们的投资依据是一句格言：不能总是傻坐着，多少得做点什么。真正的长线投资者的行为往往基于另一句格言：不要总想着操作，必须学会等待。

我们将在下一章中看到，如果过于固执或在现实确实发生变化时不能及时改变观点，这种长期主义的做法也会导致问题。但现在，让我们先学习一下如何在市场短期波动的混乱中，做到坚持专注于投资组合的长线发展。

不要太频繁地查看你的投资组合

在我看来，在投资决策中避免短视的一个关键技巧就是不要太频繁地查看自己的投资组合。正如本章开头所述，我每年在填写纳税申报表时都会顺带检查一下自己管理的投资组合的状况。这就够了。在那之后，我会暂时将我的投资组合放在一边，等待一年以后的下一次检查。

这听起来可能很荒谬，但在此期间我绝对不会焦虑得睡不着觉。因为我知道一个道理，构建这些投资组合的目的是满足长期的资金需求，而这样操作是实现这一目标的最佳途径。如果一年只检查一次投资组合的表现，发现自己收获正收益率的可能性会增大，这肯定会让我心情愉悦，并能避免我在市场短期下跌时产生卖出资产的冲动。

当然，不是每个人都只做长期投资。有些人可能会选择在进行长期投资的同时持有一些短期头寸。在这种情况下，我建议将它们划分到不同的账户来管理，这样，在你检查短期投资账户的时候，就不会无意中同时看到自己那些长期投资的盈亏。此外，通过将短期和长期投资的账户相互分离，你可以减少将长期投资变成短期投资的诱惑——这是另一个潜在的投资错误。

作为一名基金管理者，我无权决定投资者何时要求检查我的投资表现。但我往往不鼓励他们每季度检查业绩超过一次。即便如此，我也花了太多的时间安抚那些因为某个季度业绩不佳而烦躁不安的投资者。

对我来说，最糟糕的客户是那些每个月都想跟我讨论业绩，并且在经历几个月的亏损后就会变得愤怒的投资者。这样的客户通常很快就会转投另一位基金经理。这些投资者无药可救地陷入了短期主义的误区当中，他们迟早会对自己的表现感到失望。

专业机构需要建立正确的激励机制

正如我们在前面的例子中看到的那样，即使是养老基金等长期投资机构，也倾向于根据短期内的业绩表现来评估他们的投资经理。这会导致他们在招聘和解雇基金经理时犯下代价高昂的错误。

马琳琳及其同事考察了 5000 家美国共同基金对基金经理的内部激励结构。他们重点分析的一个指标是雇主用来评估基金经理投资表现的考察期限。许多基金是基于 1 年或 2 年滚动周期内的业绩来评估其基金经理的，不过金融危机之后，越来越多的基金逐渐改为使用 3 年滚动周期内的业绩。到目前为止，3 年的滚动评估周期已成为基金公司的标准做法。

少数基金管理公司会超越这一标准，使用 5 年甚至更长的周期来对基金经理进行业绩评估。马琳琳及其同事的发现如图 2-7 所示：基金公司所采用的评估周期越长，基金经理的业绩就越好。

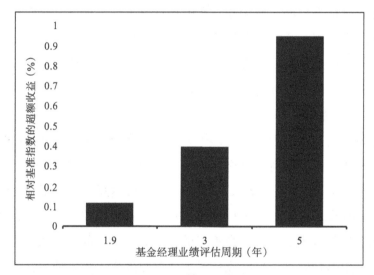

图 2-7　基金经理业绩和评估周期的关系

资料来源：Ma et al. (2018).

通过将业绩评估周期设定为 5 年或更长时间，雇主向基金经理发出了这样的信号：他们更关注投资组合的长期表现，而不是短期的盈亏情况。如果在业绩评估中提高长期因素的权重（同时基金经理的薪酬也与之挂钩），那基金经理在做投资决定时就不会过分在意最近的市场事件，可以将更多的精力放到寻找真正有长期前景的资产上。

共同基金的投资者或将部分资产管理职能外包给其他基金公司的机

构，最好也能从这项研究中吸取教训，并尝试一下基于 5 年期或更长时间的业绩来评估基金公司的表现。

将预期收益率可视化的方式很重要

第二种提高长期倾向的技巧是使用可视化技术将短期的盈亏变化融入分析长期收益率的图表。还记得我前面说过的，长期的股市走势图看起来过于乏味的问题吗？你也可以利用这个技巧来解决该问题。

假设你构建了一个由成长型股票构成的投资组合，从长远来看，该投资组合的预期收益率将比同期的通货膨胀率高 5%（见图 2-8）。如果让一位理财规划师来分析该投资组合，最常见的做法是用画一条趋势线来表示未来 10 年或 20 年中该组合的预期价值的变化。但你也可以选用一种复杂一点的方法，绘制一个阴影区域来代替单一的趋势线。该阴影区域代表了投资组合的未来价值大概率会处于的区间范围，概率的大小或者说置信区间可以根据需要选择。

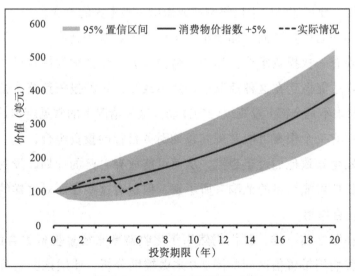

图 2-8　另一种收益可视化方法

在下面的例子中，我使用了 95% 的置信区间。也就是说，只有在最极端的 5% 的情况下，投资组合的价值才会位于阴影区域之外。这类统计图经常用于显示投资结果的可能范围。对于投资者来说，这也是一张非常有用的统计图，可以用于估计他们实现长期财务目标的可能性。但是由于某些我仍然不能理解的原因，我从未在现实中见过有人用该统计图来分析投资组合在一段时间中的表现。

我们来看一个例子。假设一个投资者构建了一个由成长型股票组成的投资组合，他会每年查看一次投资组合的表现（这应该是一个会听从我建议的明智的长线投资者）。第一年，投资组合的收益率是 7.5%，第二年是 16.7%，第三年则是 10.7%。前三年过去，投资者对投资组合的表现应该非常满意，因为他成功地完成了每年超过通货膨胀 5% 的收益目标。

第四年出现了第一次挫折，收益率仅为 3.8%。不过，这仍然是一个正的收益，而且在经历过连续几年的高收益之后，投资者并不焦虑。第五年遭遇了巨大的熊市，投资组合价值下跌了 31.3%。仅仅一年的时间就亏掉了投资者所有积蓄的 1/3。这时候他很有可能感到恐慌，为了不损失更多的钱，他可能倾向于出售资产或做出一些重大的改变。

作为一名投资顾问，你很难说服该投资者坚持到底，尽管他能做到每年只检查一次投资组合。作为一名投资者，你必须发挥自己所有的自律能力，才能做到在这种情况下仍然不改变既定的投资策略，抵御卖掉部分（如果不是全部）投资组合的冲动。这种情况下的常见剧本是，投资者虽然拥有一个很有可能实现其长期财务目标的投资组合，但一个短期暴跌的发生导致他们过于恐慌，从而可能放弃自己的计划。投资者甚至也许对长期可能结果的范围有所了解，但所有这些在面对这样的市场巨变时都没有作用。

现在跟之前一样，我们仍然用年化收益率来衡量投资组合的表现，但这次我们用带置信区间的图 2-8 来做辅助分析。使用该图表分析的时候，业绩的衡量是一直与投资者的长期目标联系在一起的。在前三年表现强劲之后，图表显示组合的实际表现仅仅略高于预期。

如果投资的目标期限是 20 年的话，三年的时间走过的路径与预计总路径相比是非常短的。从图中投资者应该可以看到，首先，投资组合在前三年的强劲表现并没有为未来的长期收益提供太大的缓冲。其次，虽然三年可能感觉很长，但它只是实现长期目标的旅程中的一个瞬间。如果投资者使用该图来分析自己的投资组合，也许就能缓和一下短期的强劲表现带来的兴奋之情。

但在第五年之后，情形会反转过来。虽然投资组合价值在短期内下降 1/3 看起来很可怕，但图表显示这种程度的下降原本就是完全可能的。因为即使在下跌之后，投资者的实际投资组合价值仍然落在阴影区域之内，也就是说投资组合价值仍然处于合理预期范围之内。

最后，尽管五年时间感觉很长，但投资者仍有足够多的时间来弥补损失，实现自己的长期目标。我相信，把第五年的大幅下跌放在这样的背景下思考，对投资者和投资顾问来说，保持投资组合不动会容易得多。在这之后，投资者可能会从第六年和第七年的反弹中获益，这使他们的投资组合在七年过后更接近预期价值。

在这条路径中，投资组合价值在七年过后仍然略低于通货膨胀率加 5% 的目标，但如图所示，这个差距已经很小了，投资者仍然有足够的时间来缩小与目标之间的差距。

管理你的信息流

减少投资决策中的短期主义的第三个方法是放慢自己获得信息的速度。这意味着减少对市场短期信息的获取量。正如我们在本章中所看到的，从电视、互联网、报纸和杂志上获取金融信息是很容易的，但对于长期投资来说，这些信息中的绝大部分都是无关紧要的。因此投资者应该尽量限制不健康的短期市场信息的摄入量，转而选择更健康的"饮食"，即那些与资产长期表现真正相关且合理的分析。

对于专业投资者来说，这意味着应该关掉办公室电视上的财经新闻。这还意味着每天大部分时间都要关闭彭博资讯客户端，或者至少要关闭不时会在屏幕右下方跳出的彭博资讯窗口，确保只在交易确实需要的时候才打开它。以我的经验，优秀的基金经理不需要整天盯着他们的彭博资讯客户端，一天一两次就足够了。除非你是个专业的短线交易员，但如果是这样的话，这整个章节对你来说就无关紧要了。

对于个人投资者来说，这意味着不要收看财经新闻频道，也不要频繁浏览财经新闻网站。事实上，你应该做到完全不依赖网络获取财经信息，应该去阅读如《金融时报》或《华尔街日报》这种更加严谨的纸质媒体上的独家报道。纸质媒体虽然正在衰落，但其内容质量绝对对得起你的支持。所以如果你一定要获取一些财经信息的话，顺便给纸质媒体创造一些效益吧。在准备真枪实弹地投资的时候，请（大部分时候）避开互联网和社交媒体。

这么做的部分原因是，阅读报纸或其他纸质版新闻一方面能帮你过滤掉对所谓"突发新闻"的应激反应，后者会增加你的短期主义倾向，而且还能在你获取信息和采取行动之间提供一点缓冲的时间。

还记得巴伯和奥登的研究吗？该研究表明，当个人投资者从传统经纪账户转向互联网经纪账户时，他们的交易活动增加了，而收益却更低了。如果交易过于方便，只需点击几下就能轻松完成，那么仓促行动的风险就会急剧增加。如果我们必须操作几个步骤来执行一笔交易，那么我们的大脑就有足够的时间来处理多巴胺激增，并对新闻进行反应。在你行动之前，给自己一点反应时间。

■ 本章要点 ■

- 金融市场和投资者越来越倾向于短期主义，尽管大多数投资者的目标是长期的。互联网和财经频道的出现，强化了投资者的这种短期主义倾向。
- 对人类大脑在投资过程中变化的研究表明，无论投资决策的实际结果如何，我们都会从投资的过程中获得快感。交易越频繁，就越能刺激我们的大脑。交易会让人上瘾。
- 研究表明，交易活动的增加会导致扣除成本之后的业绩下降，使我们更难实现自己的长期投资目标。
- 为了培养自己的长期倾向，并提高投资收益，我们应该降低对投资组合估值的频率。一般来说，应该每年或每季度检查一次长期投资组合的表现，并用五年或更长的时间段对基金或投资经理的表现进行评估。
- 评估投资业绩的时候也应该结合自己的长期目标，使用新的可视化方法可以做到这一点。这可以降低因为短期市场波动而仓促改变现有投资组合带来的风险。

| 第三章 |

你是真正的长期投资者
还是只是过于固执

我们从上一章了解到,短期主义倾向是影响投资者长期表现的一个关键风险。事实上,我认为对大多数个人投资者乃至专业投资者来说,短期主义是最大的业绩杀手。正因如此,世界上几乎所有的理财规划师和机构投资者都会向其顾客宣传长期投资的好处。

当然我也一样。我不仅自己是一个长线投资者,而且特别偏爱价值投资策略和反转投资策略。这两种策略都需要投资者具备长期坚守一项投资的能力,持续时间通常会长达几年之久。在这两种策略的执行过程中,投资组合的价值往往会经历大幅回撤,然后才能逐渐回血并实现事先预期的利润,因此特别考验投资者的定力。

但这些策略在执行过程中有时也会走入误区,并给投资者的业绩带来巨大的风险。当然鉴于我本人永远不会犯这方面的错误(至少不会公开承认),请允许我用一个虚构的朋友的故事来说明这一点。

假设我的这位朋友投资了一家看起来非常值得购买的公司的股票。目前市场上没有人喜欢该公司现有的商业模式。投资者们都认为,面对同行业快速的技术变革,该公司将很难保持盈利。也正因如此,虽然该公司未来成长有限,但股票估值非常有吸引力。该公司因此具备了按照反转投资策略识别长期投资机会的几项关键要素:低估值、悲观的增长前景和低市场关注度。

所以,我的朋友购买了该公司的股票,它的价格也不出所料地下跌了。作为一个有经验的长期投资者,我的朋友并没有惊慌。这种情况以前也发生过,而且投资该股票的理由相当充分。但接下来,股价又发生了进一步下跌,然后又是一轮更大幅度的下跌。

图 3-1 显示了要弥补投资中给定损失所需的收益率。当股票下跌 10% 时,我的朋友需要一次幅度为 11% 的股价上涨来弥补损失。当股票下跌 50% 时,他需要一次幅度为 100%(或者说股价翻倍)的反弹来实现收支平衡。如果他最终忍受不了下跌并在损失程度达到 80% 的时候卖掉了股票,他需要一次 400% 的回血才能挽回自己的损失。

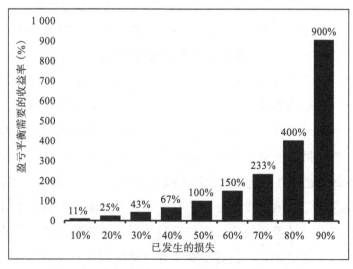

图 3-1 弥补损失需要的收益率

当然,公司股价上涨五倍的情况也不是没有发生过,但其可能性就跟只买一张彩票就中大奖一样低。通常来说,获取 400% 的收益需要的时间不是几年，而是几十年。即使真能熬过这么长时间的等待并获得想要的结果，我的朋友仍然没有从他的这项投资中获得任何利润。显然，这是一项长期投资，但是却很失败。但错在哪里呢？是不应该使用反转投资策略吗？是价值投资的取向有问题吗？还是别的什么原因？

长期投资中的反转策略

长期投资有很多种策略可以获得很好的表现。最简单同时在大多数情况下也是最好的方法，是投资低成本的指数基金和交易所交易基金并做到长期持有。这些基金会复制特定市场或资产类别的整体表现，它们可以为投资者提供相应市场和资产类别的平均收益率。如果能坚持持有这些基金多年，就可以利用复利的力量，使自己的财富随着时间的推移成倍增长。

在我的个人投资中，有一个核心的投资组合就是由指数基金构成的，其中的资金被分散配置到了不同的资产类别，这样我就有很大的机会实现自己的长期投资目标，即为退休筹备足够的资金。

但是，就像大多数投资者一样，我有时会不满足于仅仅获取市场平均收益率。我希望能获得高于平均水平的收益，或拥有一些收益率能超越股票市场整体的资产。我对自己的投资能力有足够的信心，认为自己可以通过精心挑选股票或债券，或找到某个合适的资产类别或市场的特定主题来做到这一点，这可以让我的投资组合获得更卓越的长期表现。

寻找这类"卫星"投资是真正有趣的过程，需要我通过主动选股的方式来管理自己的投资组合。每个投资者必须意识到的第一件事是，如果想要获得卓越的表现，就必须对某些市场共识进行反向思考。正如投资传奇人物霍华德·马克斯所说的那样：你不能和其他人做一模一样的事情，却指望自己的表现比他们更好。

这个简单的事实是可以用经验来证实的。有些投资者可能已经知道了，主动管理型共同基金的平均表现是低于市场基准的。所以，如果一个投资者购买的股票或债券跟大多数主动管理型基金经理持有的一样，他应该期望自己获得一个与这群基金经理的平均水平相似的业绩，即一个低于市场平均水平的业绩。

图 3-2 显示了 1130 个机构投资者在 1983～2004 年期间的股票投资组合的一些情况。这些机构管理的资金总额超过 2 万亿美元。研究人员研究了管理这些资金的基金经理及其持仓情况。他们按照股票被基金经理购买的频繁程度，或者被出售的频繁程度，把股票分成不同的组别。然后他们考察了那些最常被买卖的股票在之后一段时间的市场表现。

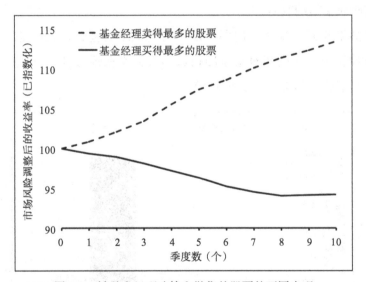

图 3-2　被基金经理追捧和抛售的股票的不同表现

资料来源：Dasgupta et al. (2011).

在之后的 10 个季度里，跟最受基金经理追捧的股票相比，被他们抛售最多的股票平均收益率会高出 18%。也就是说，如果你想要在业绩上超过一般的机构投资者，只要购买他们正在出售的股票就行了。

反转策略与动量策略

一般投资者很难执行反转策略的操作,因为它要求大家购买那些处在价格下跌之中的股票或债券。资产价格的下跌肯定是由一些基本原因造成的,这也正是许多投资者目前抛售这些股票的理由。反转策略通常(尽管不总是)与动量策略的操作方向是相反的。

动量策略是短线投资者的领域,在很多时候是非常成功的策略。事实上,用上一章的术语来说,动量投资是少有的一种长线投资等于短期投资之和的策略。相关学术研究证明,动量策略是一个可靠的市场因子,长期能收获卓越的收益。

但如果我们把视线转向那些使用动量策略的基金,无论是共同基金还是对冲基金,它们相对于基准指数的收益率在经过规模、风格和其他因子的调整后都非常低(见图3-3)。

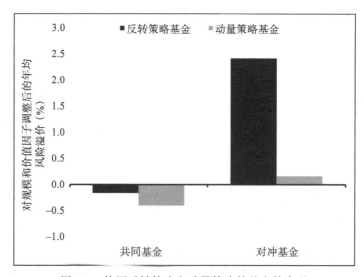

图 3-3 使用反转策略和动量策略的基金的表现

资料来源:Grinblatt et al. (2011).

使用动量策略的共同基金的表现平均每年比基准低0.4%。我不知道为什么动量驱动型基金的表现如此糟糕，因为学术研究的结论告诉我们，动量股的长期表现明显优于市场整体。我怀疑这是由于基金经理交易太过频繁（因此提高了成本）和其他一些怪毛病发作而使自己实际的交易策略过于复杂，最终导致了损失。

但是，不管动量策略基金表现不佳的原因是什么，图3-3显示，反转策略基金在共同基金和对冲基金领域的表现都优于动量策略基金。因此，我认为并不是选择了反转策略让我朋友的投资表现不佳。

长期投资中的价值投资取向

那也许是价值投资取向导致了我朋友的投资表现显著不佳？毕竟，价值型股票的表现可能会在很长一段时间内落后于成长型股票。图3-4显示了如果一个价值投资者购买了美国股市中估值最便宜的那20%的股票，他必须忍受的投资组合业绩表现不佳的时间长度和亏损幅度。虽然平均而言，购买最便宜的20%股票的投资者每年的收益率会比那些购买最昂贵的20%股票的人高出近5%，但从图中可以看到，该策略也可能会在相当长的一段时间中表现不佳。

如果一个投资者在1927年买入市场上估值最便宜的一组股票，他的投资组合的收益率在1944年之前会一直落后于估值昂贵的那一组股票，而且落后幅度会一度达到58%。价值型股票的表现在2007年以后也落后于最昂贵的那组股票，差距也曾高达43%。

换句话说，购买价值股可能需要等待10年以上的时间才能收获这些"价值"。我们从坎贝尔·哈维及其同事的学术研究中可以知道，长期来看，价值型股票的出色表现是真实无疑的，但不幸的是这种表现并不是时刻都有的。价值型股票可能会在很长一段时间内表现显著优于大盘，但也有可能在同样长的一段时间中表现不佳。

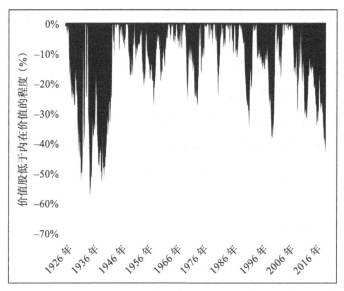

图 3-4　价值股表现不佳的时期

资料来源：K. French website.

除此之外，价值投资还面临所有风格型投资都面临的挑战：应该如何定义价值？正如动量策略有许多不同的方法一样，价值也有许多不同的估算方法。

其中最流行的估值指标是市盈率，计算方法是用股票的市场价格除以每股收益。在这里，争论从每股收益的衡量问题就开始了。我们应该使用过去12个月中公司的历史盈利吗？这可能不是一个能很好地代表未来收益的指标。或者我们应该使用分析师预测的未来12个月每股收益？你可能还记得，我在前文中曾强烈反对使用分析师对未来预测的数据，并推荐大家使用历史市盈率。

但还有更好的估值方法。在学术文献中经常用账面价值比来衡量股票价值，即用股票的市场价格除以每股对应的账面价值。它的优点是避免了公司亏损或每股收益为负的尴尬局面，因为没人说得清市盈率为–10是什么意思。

耶鲁大学的罗伯特·席勒力推的另一种估值方法是周期调整市盈率，计算方法是将当前股价除以横跨整个商业周期的历史长期平均每股收益。这一比率背后的理念是，投资者在计算收益时应该将经济周期中的好年景和坏年景平均一下，从而更好地衡量一家公司能够收获的长期平均利润。

从历史上看，周期调整市盈率的概念可以追溯到价值投资的创始人格雷厄姆，他曾使用过去 7 年的数据来计算每股收益。但今天大多数投资者会遵循罗伯特·席勒的方法，使用过去 10 年的平均值。图 3-5 显示了美国股市自 1979 年以来的周期调整市盈率和普通市盈率，以及这 40 年中市盈率的长期平均值，为 17.5。

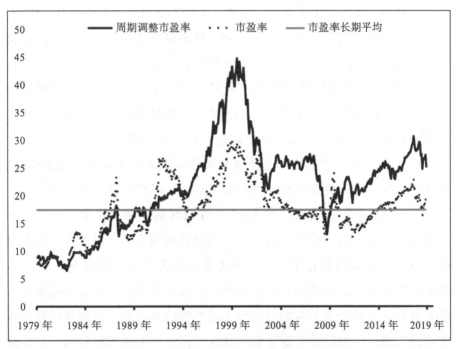

图 3-5　美国股市估值

资料来源：Bloomberg.

从该图中可以看到，股票价格在 20 世纪 70 年代末和 80 年代初变得越来越便宜。当时，美国正经历失控的通货膨胀，股市在大约 10 年的时间里都在横盘整理。许多投资者快速致富的幻想破灭了，有人怀疑是否股市的末日即将来临。但事实证明并非如此。在 80 年代初购买美国股票的投资者可以享受到一段历史上最长、最强劲的牛市，这轮上涨会一直持续到 20 世纪 90 年代末的科技泡沫顶峰。

在 1999 年，市盈率和周期调整市盈率两个指标都达到了有史以来的最高水平。但只有观察周期调整市盈率，你才能更好地识别当时股市的泡沫化程度。周期调整市盈率在当时一度超过了 40，是过去 100 年平均水平的两倍还多。

在 2000 年科技股泡沫最终破裂，全球经济在 2001 年和 2002 年经历了一次衰退，美国股市也发生了暴跌。美国标准普尔 500 指数几乎腰斩，而以科技股为主的纳斯达克综合指数下跌幅度更是超过了 80%。还记得前面的图 3-1 吗？标准普尔 500 指数下跌了 50%，意味着其投资者需要一次 100% 的反弹才能收回损失。事实上，直到 2007 年 5 月，标准普尔 500 指数才重新超过 2000 年年初的高点。而纳斯达克综合指数则需要上涨 400% 才能让投资者收复失地，这要等到 2015 年才会发生。

近年来，越来越多的人选择周期调整市盈率作为自己的估值指标，原因之一是它成功预警了 2008 年的金融危机，但普通市盈率却没有。

从图 3-5 中可以看到，在 2007 年以前周期调整市盈率已经明显处于高位了，但普通市盈率一直徘徊在其历史长期平均水平附近。周期调整市盈率当时的优势在于，它不只考虑公司最近的盈利情况，会将 21 世纪初经济衰退时的低盈利情形也纳入考虑。当前的低市盈率的来源可能是银行在房地产繁荣时期过度但不可持续的高盈利，而周期调整市盈率告诉我们，如果经济衰退来临，这样的高收益可能无法持续。在金融危机爆发之前，关注周期调整市盈率的投资者就已经减少了他们的股票敞口。

一个让人警醒的案例

图 3-6 展示了一家美国共同基金的业绩表现和名下管理资产的规模情况。该基金专注于投资美国股票,其管理者遵循长期投资策略,目标是在一整个经济周期或更长时间段中跑赢市场。

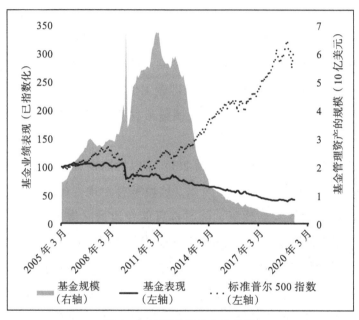

图 3-6 过度长期导向的危险

资料来源:Bloomberg.

为了与自己的长期目标导向保持一致,该基金经理使用周期调整市盈率和其他长期估值指标来指导自己管理股票敞口。如果这些指标显示市场估值过高,基金经理倾向于在一定程度上对冲股票投资的下行风险,在极端情况下甚至会选择完全对冲(这实际上会将股票基金变成货币市场基金或股票市场中性基金)。

另外,如果市场上的估值看起来已经很便宜了,该基金经理就会取消对冲操作,满仓投资于美国股票。

金融危机之前，该基金的运营相当成功，资产管理规模约为 30 亿美元。尽管在 2006 年和 2007 年的表现落后于标准普尔 500 指数，但在 2008 年和 2009 年市场崩盘时，该基金经理的能力得到了证明，该基金在整个危机期间遭受的损失很小。在 2009 年年初金融危机最严重的时候，该基金实现了在一个周期内表现优于标准普尔 500 指数的目标。在之前的 5 年里，股市经历了从上一次萧条的余波到繁荣再到萧条的漫长历程，该基金避开了极端繁荣和萧条带来的波动，获得了平稳的发展。

该基金经理的成功没有被市场忽视，在金融危机之后，基金的资产管理规模增至近 70 亿美元。基金经理做了他该做的事，坚持了自己久经考验的长期投资策略，并通过周期调整市盈率的镜头来实时跟踪股市估值水平。

但是请再回到图 3-5，看一看 2009 年以后周期调整市盈率发出的信号。它一直处于较高的水平。因此，这位基金经理得出结论，美国股市仍然是一项风险较高的投资，随时都可能经历另一次大幅下跌。因此，基金经理在他的基金管理中保留了对冲操作，希望进行一定的下行保护。

这次对冲操作对该基金的业绩造成了毁灭性的影响。在 2009 年 3 月～2019 年 3 月的 10 年里，该基金的投资者遭受了幅度高达 52% 的损失，而标准普尔 500 指数同期却上涨了 338%。难怪投资者最终放弃了这位基金经理，并撤出了大量投资。到 2019 年 3 月，该基金管理的资产规模已经缩水至区区 3.26 亿美元，还不到其峰值的 1/20。

更糟糕的是，如果这位基金经理想要重新追上标准普尔 500 指数的收益率，市场必须发生一次幅度达 90% 的下跌，而在此过程中他的基金仍然做了完全对冲，并凭此没有发生任何损失。如果该场景发生的话，那将是标准普尔 500 指数历史上跌幅最大的一次。即使在大萧条时期，美国股市也没有下跌过那么多。

向短线投资者学习

这位基金经理的经历为我朋友在本章开头所犯的错误提供了线索。错误不在于反转投资策略，也不在于价值投资取向，而在于他的固执。长期投资方法是非常值得推荐的，但如果在投资期间损失过大，以至于几乎不可能再实现盈亏平衡时，就会出现一种尴尬的局面。在这种情况下，如果你仍然坚持不改变自己的投资组合，你就不再是一个长期投资者，你只是固执而已。

长期投资者，尤其是价值投资者，喜欢看不起那些据称是根据垃圾信息进行交易的专业短线交易员，认为他们对自己买卖的投资标的缺乏基本的了解。尽管如此，长期投资者还是可以从短线交易员和其他短期投资者那里学到一些重要的经验。

一方面，专业短线交易员确实往往不知道股票或债券上涨或下跌的具体原因。当他们看到市场对某只股票有额外需求时，或者当价格动量上升并且看起来会保持一段时间时，他们就会购买这只股票。他们不在乎股票上涨究竟是因为其诱人的估值、上季度的高额利润，还是因为刚刚宣布了首席执行官换人的消息。

他们也不关心为什么股票会忽然在某个点位停止上涨。这种时候他们只是卖掉股票，获得收益，然后进行下一轮投资。类似地，如果一只股票下跌，他们也不会问原因是什么，他们只是卖出股票，远离它，或者做空股票，希望在股价继续下跌时获得利润。过一段时间，他们可能又会改变立场，再次购买这些股票，但在那之前，他们并不真正关心是什么在推动价格变化。

另一方面，长期投资者倾向于遵循价值投资之类的投资哲学。对他们来说，这是正确的做法。因为如果没有长期战略，长期投资者可能会沦为短期波动的牺牲品，即在短期受挫后就卖出投资，或在其他投资短期反弹后就买入它们。换句话说，对于长期投资者来说，坚持自己的投资理念并严格执行根据这一理念制定的相应策略,可以防止他们成为短期主义诱惑的牺牲品。

但问题是,没有一种投资策略是永远有效的。随着市场经历一个个周期的起起落落,动量策略可能只能在某些阶段获得成功,而在另外一些阶段,价值投资或反向投资则更为成功(见图3-7)。

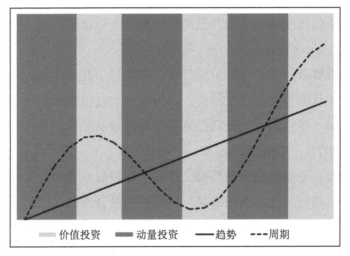

图3-7　周期中的反向投资者和动量投资者

许多投资者和学者试图找出把握市场时机,及时从动量策略转换为价值策略,然后再择机转换回来的方法,以使其投资组合的收益最大化。但是,经过近百年的研究,似乎仍然没有人能找到有效择时的方法。下次有人向你推荐择时策略,或者建议你是时候从一个投资策略转向另一个策略以提高业绩时,请记住这一点。

这些人实际上是在宣称,他(或她,但多半是他)比投资界过去所有的传说人物都要厉害,也就是说他认为自己比沃伦·巴菲特、彼得·林奇、乔治·索罗斯和霍华德·马克斯等人都要聪明。

大多数情况下,这些选择市场择时策略的人只能获得很短暂的成功。这就好比一个12岁的孩子来到你面前,说他比尤塞恩·博尔特在同年龄的时候跑得更快，因此他长大后将成为史上跑得最快的短跑运动员。你会因此在未来十年或更长的时间里重金资助这个孩子，并指望他成为下一个尤塞恩·博尔特吗？

短线交易者成功的秘诀：不受情绪影响

因为没有已知有效的方法来进行市场择时，长期投资者往往会形成长时间坚持既定策略，即使面临暂时的表现不佳也不会轻言放弃的习惯。有时候这种习惯会显得过于强大，这时候就需要人类心理学的知识来发挥调节作用了。

意志薄弱的人在经历暂时的挫折时，会过早放弃一项在长期很可能获得成功的策略。而固执的人会执迷于"坚守"某个长期策略，即使该策略已经失效太久，已经几乎没有回本的机会。

很多时候，投资者会对自己的投资组合和投资理念产生情感依恋。他们会在各种批评面前为它们辩护，用越来越古怪的理由来解释为什么自己的投资一定会迎来翻身的一天。

实际上，这些投资者在不知不觉中把自己的投资理念当作信仰和信条。信条是不容置疑的，对其进行攻击的言论往往被信徒视为异端邪说。外界对信条的攻击越多，信徒就越对其深信不疑。在信徒看来，围绕信条的辩论实际上变成了我们（信奉某策略的开明群体）与他们（声称某策略不起作用的异教徒）之间的战争。

有些信条在金融市场的部分特殊领域尤其流行。这些领域要么由很难估值的资产组成，要么在历史上没有经历过对传统策略有效性的大讨论。在20世纪90年代末，科技股的投资者都秉持同一个信条，那就是科技将给世界带来一场革命，而旧的估值指标已经不再有效了。

在21世纪初，人们的信条是房价只会上涨不会下跌。近年来，又有人认为加密货币必将取代传统货币。还有一个似乎是永恒的信条，那就是黄金可以抵御通货膨胀。从长远来看，这些信条也许都是正确的，但正如某句名言所说："市场可以一直处于非理性状态，直到你爆仓为止。"

长线投资者可以从短线交易员身上学到的第二课，是不要在投资和策略上倾注自己的情感。短线交易员一天要做几十个甚至上百个投资决定，其中很多都以亏损告终。因此，成功的短线交易员学会了迅速止损并继续前进。短线交易者有一句箴言："止损才能存活，活着才能翻盘。"固执的长期投资者，就像我在本章开头提到的那位朋友，在泰坦尼克号撞上冰山后也不愿意从船上下来。他们宁愿和船一起沉没和死亡，也不愿承认失败并改变战术。

诚然，放弃一艘属于自己的船，即使是正在沉没的船，在情感上都是很难接受的。21世纪初，金融学者罗闻全和德米特里·列宾召集了10名从事货币和固定收益业务的专业短线交易员，研究他们在工作时间身体的各种表现。他们测量了几项跟压力和情绪有关的生理指标，比如心率、血压或手掌出汗程度。

图3-8显示了经验丰富和经验较少的交易员在资产价格发生跳跃或趋势逆转时，皮肤导电性（即皮肤出汗程度）的不同变化。图中的 t 统计量可以衡量皮肤电导率的变化有多显著。与经验较少的交易员相比，经验丰富的交易员的兴奋度和出汗程度要低得多，他们表现得更加冷静。在趋势逆转的时候，他们的情绪几乎完全没有波动，而经验较少的交易员则表现得更加紧张。

另外，研究人员分析交易员的投资表现时发现，经验越丰富的交易员表现越好。因此，在情绪上独立于投资表现和市场变化的能力对业绩是有积极作用的。如果长期投资者也能在情感上与自己的投资组合和投资策略保持距离，他们就能更容易在投资策略失效时调整或放弃它们，这样就不容易成为顽固性格和教条主义的牺牲品。

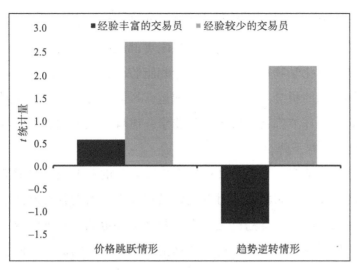

图 3-8　交易员的皮肤导电性变化情况

资料来源：Lo and Repin (2002).

全面分析数据来控制你的情绪

在我看来，最好的投资者是投资风格兼收并蓄，并且能从其他投资者那里采纳最佳做法的长线投资者。因此，如果你跟我一样是长线投资者，你不妨也考虑一下如何向经验丰富的短线交易员学习，减少对自己投资组合的情感依恋。

控制情绪的一种方法是静下心来全面地分析数据。在分析一项特定的投资时，投资者必须评估所有可用的数据，包括估值水平、盈利情况、价格势头、市场情绪、地缘政治、环境风险等。对资产价格有影响的因素很多，不同因素对投资的影响还会随着时间的推移而变化。这就是从事投资如此令人兴奋的原因所在。没有任何两次投资是一模一样的，所以永远不会让人无聊。

举个例子。假设你正在考虑投资一家成熟的食品公司的股票。这家公司已经存在了几十年，是全球食品行业的领导者之一。最近，食品消费的趋势发生了变化，许多消费者想吃更健康的食品，希望自己的购物车里少装一点化学物质、添加剂、盐和脂肪。有机食品的兴起为公司提供了增加利润的机会。但这也会增加运营风险，因为有机食品对于生产和运输等各个环节都有非常严格的要求，出现一次丑闻就可能导致公司的盈利能力大幅下降。

鉴于以上情况，公司管理层决定更新自己的业务线，在货架上摆满更健康的产品。公司将增加对有机食品和植物性肉类替代产品生产线的投资。在现有的方便食品产品线上，管理层决定调整一下配方，减少盐和脂肪的使用量。同时，公司还计划推出一系列新的健康方便食品。同时，考虑到世界上越来越多的城市和国家开始征收软饮料糖分税，公司还决定把制造软饮料的部门挂牌出售。作为一个潜在的投资者，你应该如何评估上述战略调整对该公司股票的影响？

作为一个长期投资者，你首先要考虑与股票的长远表现相关的指标。例如，你看了看股票的估值水平，发现它拥有18倍的市盈率和20倍的周期调整市盈率，跟自己的历史平均水平比较起来似乎略微偏贵，但与其他全球食品公司龙头相比还算便宜。

从历史业绩看，即使在最严重的经济衰退中，该公司也能保持盈利，而且从未被迫削减股息。由此看来，即使该公司在转型期间增加投资支出，或者如果经济放缓并陷入衰退，该公司应该仍然能够盈利并支付可观的股息。

在过去5年左右的时间里，该公司盈利的内生增长率很低，每年只有3%，利润率也相对较低。一个可能的未来场景是，公司业务转型成功，内生增长率可能会增加到5%，利润空间也可能会大幅增加。

但是，你了解到该食品公司的竞争对手也打算进行类似的转型。而且当你调查公司目前的管理层时，你发现他们没有成功业务转型的经验。从履历上看，他们都是一群追求业务安全的人，习惯以稳健的方式管理公司。目前尚不清楚管理层是否会全力转型，如果是的话，转型又是否会成功。

此外，世界各国软饮料糖分税的增加意味着含糖饮料业务可能会变成烫手山芋。很可能发生的事情是，公司将不得不以远低于管理层承诺的价格出售该业务。

你可以看到这是一个混合的画面。价值投资者可能会考虑投资该公司，因为相对于同类公司，其相对估值具有一定的吸引力，而且绝对估值水平也不算太贵。主要关注盈利增长趋势的传统股票分析师可能也会支持这项投资，因为业务一旦成功转型，就有可能大幅提高公司的增长速度和盈利能力。

情绪驱动的投资者可能不会投资于该公司，因为管理层在投资者眼中似乎没有多少可信度，而市场在一段时间内可能仍会对公司转型的成功率持怀疑态度。到处搜寻并购概念的对冲基金投资者可能会被这项业务的估值所吸引，但可能还不能确定在目前的管理团队运作下，公司是否能成功地出售软饮料业务并释放隐藏的价值。

简而言之，你需要全面地分析各方面的因素，并结合自己选择的投资策略来判断应该买入还是卖出该股票。

意识到存在这些相互矛盾的观点是成为一个更成功的长期投资者的第一步。在你决定进行这项投资之后，这些因素的相对影响大小还会再次变化，因此你的评估也应该随之变化。但如果管理层业务转型失败，砸了数十亿美元的投资最终却无法盈利，那其他方面进展再顺利也无助于扭转股价。有利于这家公司估值的那些因素可能在之后一两年内仍然存在，但在这种情况下，投资者最好还是选择减少损失，暂时放弃手中的头寸。

如何权衡不同的观点是一门很大的学问。你也可以继续嘴硬，认为即使在管理层搞砸了业务转型之后，仍然有不出售该公司股票的理由。比如投资者可以继续持有股票到新管理层上任，届时市场情绪将出现反转，股价可能会大幅上涨。但这一时刻可能会到来，也可能不会到来，而当它最终到来时，恢复性的反弹也可能远低于你的预期。这时你需要一个有效的决策方法来帮助你认清现实。

用心理模型来聚合数据

我经常用一个心理模型来将影响公司股价的不同因素聚合在一起，具体方法是想象一个放在台球桌上的球（见图3-9）。与普通的台球不同的是，这个球上绑着四根橡皮筋，橡皮筋的另一端分别固定在桌子的四个边上。这些橡皮筋有着不同的长度和弹性，代表了影响股价的不同因素。一开始，球就停在桌子上，什么也没有发生。它只是一个连着几根橡皮筋的球而已。

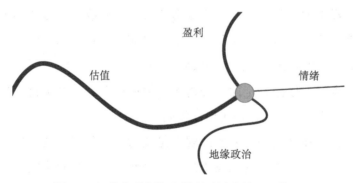

图3-9　汇集各种投资业绩驱动因素的心理模型

如果其中一根橡皮筋被拉伸，它会产生一股试图再次放松的弹力，这会让球在桌子上移动。而一旦球开始在桌子上移动起来，它就会开始拉伸其他的橡皮筋。大多数时候，橡皮筋不会对球施加弹力，因为它们是放松的或者拉伸程度很小。但在我上面描述的那个例子中，象征市场情绪的橡皮筋忽然绷紧了，因为该公司管理层刚刚宣布了一项公司战略。虽然鉴于其管理层的过往记录，该战略缺乏可信度，但这根绷紧的橡皮筋现在将要影响这个球的运动了。

球的运动会影响其他的橡皮筋，当象征情绪的橡皮筋放松后，象征盈利的橡皮筋可能会被拉伸。这根橡皮筋比象征情绪的那根更粗、更强，因此当它被拉伸时将会再次改变球的方向。

换句话说，随着负面情绪持续拉低股价，而管理层在业务转型中取得一些初步的成功，关于公司未来盈利增长的前景可能会改善。突然之间，盈利快速增长的前景推高了股价。

但一段时间后，象征盈利的橡皮筋又变得放松了，这次可能又会有另一条橡皮筋被拉伸。四根橡皮筋里面最粗、影响也最大的是象征公司估值的那根。但正如你在图中看到的那样，只要估值没有被拉伸（比如极其便宜或者非常昂贵），其他橡皮筋无法对球的方向产生太大的影响。

这个分析投资的心理模型曾帮助我一次又一次地理解各种相互矛盾的信息。此外，它还能帮助我正确地看待自己的投资策略——该策略仍然是由估值因素驱动的。有时候，如果我确实判断其他因素会把球拉向另一个方向，就可以及时放弃纯粹的价值策略。此外，如果一个投资开始亏损，这个模型也可以帮助我评估在最初的理性投资逻辑重新发挥作用之前，估值还需要多长时间才能再次成为推动股价的主要因素。

拥抱止损策略

我推荐使用的第二个来自专业短线交易员的技巧是止损，尽管它可能不属于长线投资者的传统工具。专业短线交易员和其他短线投资者一直都在使用止损策略，即在某个资产的亏损程度达到一定幅度，以至于有可能会对投资组合的整体价值造成较大损害的时候，自动将其卖出。长期投资者也应该尝试这种简单的风险管理技巧，因为它可以凌驾于投资者的情绪之上，从而在投资者自身可能已经变得过于顽固的时候保护投资组合。

理性的数据分析并不总是能够平息投资者的情绪。确认偏误是我们人类的一种自然倾向，让大家倾向于低估与自己原有信念相矛盾的信息，而高估与自己原有信念相符的信息。我将在第五章中进一步讨论确认偏误及其对投资业绩的影响，以及克服它的方法。

那么要如何设置止损点呢？

止损作为投资策略的一部分存在的一个问题是，它们可能会在最差的时点触发，比如就在复苏开始之前的一刻。此外，当止损指令被触发后，接下来该怎么办？你应该在什么时候考虑重返市场并再次买入之前卖出的资产？

我对这些问题进行了很长时间的思考，并在一篇学术论文中总结了自己的观点。主要的结论是，这得根据你的目标投资期限而定，长线投资的止损范围应该设定得宽一点，短线投资的止损范围应该设定得窄一点。

如果你是一名短线交易员，一次 2% 或 5% 的下跌可能已经触发了你的止损线。因为你可能在一天或一周内进行多次投资，即使是这样的小损失也会很快累积成巨大的财富缩水。

对于长期投资者来说，最好的做法是将止损点设置在距离市场价格较远的地方，以免因为市场上经常出现的中短期波动而触发资产的出售。你购买的资产从长期来看可能会有出色的表现，因此只有当损失大到对你的长期投资组合战略造成重大影响时才应该卖出。

根据我的经验，有两种简单的设置止损点的方法：移动平均线策略和下跌趋势策略。一旦资产价格跌破过去价格的移动平均线，移动平均线策略就会触发止损。短线交易员通常使用 20 天或 5 天的移动平均线，而长期投资者建议使用 200 天或 400 天的移动平均线。使用长期移动平均线作为止损点，通常只在资产价格已经大幅下跌时才会引发卖出，但它们仍然可以防止投资者遭受 20% 或更大的毁灭性损失。

第二种止损点设置策略是我在论文中详细研究并亲自使用的方法，就是观察该资产价格在过去较长一段时间中的表现，并根据资产价格自身的历史走势设定止损点。

作为一个长期投资者,你不想对短期波动做出反应,所以从资产价格的长期趋势中寻找止损点是一个好的方法。事实证明,根据资产价格过去12个月的表现设定止损点,既参考了足够长时间的历史记录来忽略短期波动的影响,但也没有长到让止损指令永远不会触发。一旦股价在过去12个月里下跌超过一定幅度,就可以有把握地认为,股价走势进入了一个长期的下跌趋势中,而且不太可能很快逆转。

当然,有些下跌趋势可能只是短期窄幅盘整的一部分,所以止损的触发点应该离过去12个月的股价高点足够远。我在研究中发现,根据经验,止损最好设置在比过去12个月的高点低半个标准差的水平。这听起来可能过于技术性了,通俗一点讲,假设股票的标准差是每年20%左右,那么止损点应该设定为比过去12个月的峰值低10%的水平(如果股票购买时间还不到12个月,也可以设定为比购买价格低10%)。如果股价下跌超过了10%,应自动卖出该头寸。

10%的止损位可能只适用于股票,我们可以为其他波动性较低的资产选择一个更窄的止损水平。新兴市场债券和高收益债券的年标准差都在7%~10%,设置4%~5%的止损水平是合理的。一般公司债券的波动率更低,约为5%,止损水平可设置为2.5%。

为了说明在实践中如何具体操作,我们看看来自瑞士食品行业的雀巢公司的股价走势。这家公司经历了与前面假想的食品公司相似的转型过程。图3-10显示了自2018年年初以来雀巢公司以瑞士法郎计算的股价,以及距离最近12个月峰值的下跌幅度。在雀巢公司的转型过程中,公司的内生增长率急剧下降,导致股价从2017年的高点回落。2018年2月6日,距离过去12个月高点的跌幅达到了10%的临界水平,也就是我推荐的股票投资的止损水平。当时,投资者对雀巢公司的经营状况及增长前景非常担心,因此,从理论上讲,股价的下跌可能会持续更长的时间。事实上,在当年的2月和3月雀巢的股价一路下行,在止损点位的基础上又下跌了约 5%。

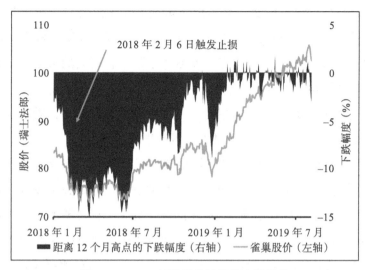

图 3-10　2018 年雀巢公司股价止损信号

资料来源：Bloomberg, Author.

从图上可以看到，雀巢公司的股价在一段时间之后出现了迅速回升，并在 2018 年后半段和 2019 年表现强劲。如果我们只建立了止损规则，但没有建立再次买入的规则，到时候可能会非常后悔。因为触发止损规则强制出售该股票，我们将错过一个超过 20% 的股价反弹。这就是为什么我强调，如果你已经制定了一个止损规则，那你还需要制定一个再次买入的规则。

如何设定再次买入的时点？

在止损被触发、资产被卖出之后，下一个问题是如何处理交易得到的现金。如果市场上有其他的投资机会，投资者当然可以用出售所得的资金投资于这些机会。但通常情况下，长期投资者设置止损点的目的是避开大范围的市场低迷，因此到时候未必能很快找到另一个投资机会。

如果股市遭受的是一个全球性的打击，跌幅可能会远远超过 10%。2000 年科技泡沫破灭后，以及 2008 年全球金融危机期间，股市的平均下跌幅度都达到了 40%～50%。止损的目的就是为了避免投资组合出现如此重大的损失。但熊市不会永远持续下去，投资者可能需要在某个时候再次购买之前卖出的那些股票。类似地，在上面雀巢公司那样的例子中，如果没有设定重新买入的信号，之前卖出的股票最终可能会从短期下跌中恢复过来，而投资者会错过一个大幅反弹的行情。

随便看看金融市场的历史我们就能发现，在资产价格经历一次调整或熊市之后，反弹的速度往往要比之前的下跌快得多。如果投资者使用跟止损时一样的 12 个月规则来决定何时再次购买某项投资，他们通常会错失估值修正时的大部分反弹利润。通常来说，使用短期表现作为再次投资的信号是更有利可图的。

在实践中，我建议在观察到过去 3 个月的最大收益率超过年化收益率标准差的 1/4 时执行再次买入操作。

具体一点说，对收益率标准差为 20% 的股票，止损信号设定为从过去 12 个月高点的下跌幅度超过 10%，重新买入信号应该设定为从过去 3 个月低点的反弹幅度达到 5%。这样一来，投资者可以在复苏确立后不久进行再投资，只错过了反弹的一小部分。

图 3-11 显示了在雀巢公司的例子中使用上述重新买入信号的具体表现。如果投资者在 2018 年 2 月止损并卖出雀巢公司的股票，那么密切关注股价，并根据最近 3 个月的低点寻找 5% 或更大的反弹作为重新买入信号将是一个明智的选择。经过 2 个月的横盘整理，雀巢公司的股价最终在 2018 年 4 月 30 日第一次出现从近 3 个月底部上涨 5% 的反弹。这是投资者重新买入股票的好时点。通过止损投资者避开了雀巢公司股价进一步下跌的风险，此后反弹确认时又及时重新买回了该股票，因此得以从随后 12～18 个月的强劲反弹中获益。在这个例子中，当雀巢公司的股票跌破 76.90 瑞士法郎时触发了止损信号，而重新买入的信号出现时的股价为 76.98 瑞士法郎。2019 年 7 月底，雀巢公司的股价为 105.70 瑞士法郎，自重新买入起上涨了 37.3%。

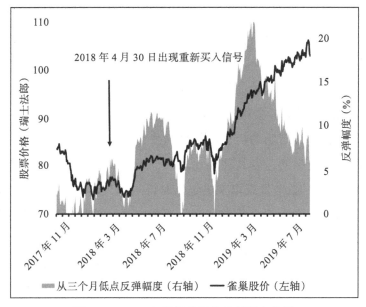

图 3-11　2018 年雀巢公司的重新买入信号

资料来源：Bloomberg, Author.

我在表 3-1 中提供了自己曾在投资中使用过的不同类型资产的典型止损点和重新买入点。

表 3-1　推荐止损和重新买入设定

	止损点：低于近 12 个月高点幅度	重新买入点：从近 3 个月低点反弹幅度
投资级债券	2.50%	1.50%
高收益债券	4.00%	2.00%
新兴市场债券	5.00%	2.50%
房地产信托	8.00%	4.00%
发达国家债券	10.00%	5.00%
发展中国家股票	12.50%	6.00%
商品	12.50%	6.00%
黄金	12.50%	6.00%

合适的止损规则搭配重新买入规则，正是长期投资者进行风险管理所需要的组合。将止损跟一个缓慢变化的信号挂钩，就不会因为一些短期的下挫而匆忙卖出，只有在确定出现了会持续一段时间的严重的价格下跌后才出售相应资产。但重新买入的信号必须能相对快速地捕捉市场动态，让投资者能够在反弹开始后很快地重新购入那些适合长期持有的资产。

总体而言，这样操作可以让投资者留在市场上的时间最大化，并能避免遭受在之后几年的时间都难以恢复的巨额亏损。如果我当初就知道，对不起说错了，如果我的朋友当初就知道这个止损点和重新买入点设定的规则，那么在本章开始提到的那次投资中，他就不会等到资产价格下降了 80% 还没有操作。他可以早早地出售该资产，要弥补自身遭受的损失也要容易得多。

■ 本章要点 ■

- 对大多数投资者来说，坚持使用长期投资策略是成功的关键。因此，他们应该以长期收益率为目标，坚持既定的投资策略和理念，并尽量避免对短期市场波动做出反应。
- 但长期的投资组合有时也会出现在短期内遭受巨大下跌的可能，以至于在几年内甚至几十年内都几乎不可能从亏损中恢复。在已遭受如此之大的损失后，如果仍然坚持不改变原有的投资头寸，这不是一个优秀的长线投资者的标志，而是过于固执的一种表现。
- 从长远来看，价值投资策略和反转投资策略都可以取得非常大的成功，但这些策略的高收益是断断续续的，可能会出现连续多年表现不佳的情况。
- 为了防止出现很难乃至不可能挽回的损失，长期投资者应该从短线投资者那里学习一些技巧。

- 这些技巧可以让专注于长期策略的投资者心态更加平和地评估自己的投资组合，避免感情用事。在与自己原有观点相反的证据面前，对一项投资的情感依恋会导致非理性的固执。
- 其中一种解决方法是全面考虑影响投资价格的所有驱动因素。虽然价格背后的驱动因素很多，各自指向不同的方向，但通常同一时刻只有一个影响最大的因素在主宰价格走势。追踪不同驱动因素的影响程度，将有助于投资者确定近期价格走势的方向。
- 止损与适当的重新买入规则相结合，可以将情绪从投资中完全剔除，是防止遭遇过度亏损、让投资者在市场中存活时间最大化的有效工具。

| 第四章 |

从历史中能学到的经验是我们不曾从历史中吸取教训

步入中年之后,我必须应对生活中的很多变化。首先,我必须接受自己逐渐后退的发际线和日益增大的腰围。伴随着这些身体上的残酷变化,我还得花大量的钱买新衣服,以适应不断变化的体型。不幸的是,中年男性的衣服不管再花哨都似乎自带一件内置的隐形斗篷,让年轻女性的目光自动跳过我的存在。也许我的妻子比我更乐意看到这一点。但当我接近中年时,并非所有的变化都是糟糕的。

特别是在投资方面,随着作为专业投资者的职业生涯越来越长,我变得更加放松和自信。很多过去可能会让我血压升高的市场情况,现在几乎不能让我的脉搏跳动加快。作为一名投资者,我在自己的从业期间目睹了两次重大的股市泡沫和崩盘、两次全球经济衰退和十几次巨大的主权债务违约。我还记得德国人用德国马克而不是欧元付款的日子,以及安然公司的管理层因为他们的欺诈行为而入狱的场景。我还看到了在瑞士等一些国家,30年及以上期限的政府债券收益率变为负值的情况。

毫无疑问,作为一名投资者的这些经历,以及生活中的许多其他经历，都会影响我的投资决策和行为模式。当大家都在热议金融市场的最新趋势时，像我这样性情乖戾的老人往往会更加谨慎。毕竟，我们曾经多次看到类似的趋势演变成泡沫，然后破裂并留下一地鸡毛。

另外，性情乖戾并不意味着我们只是愤世嫉俗和不相信进步的可能。我们也可以教会年轻的投资者如何在市场崩溃的时候免于恐慌，以及如何管理风险以避免在投资组合出现问题时被清盘。

罗宾·格林伍德和斯特凡·内格尔研究过投资经验是如何影响专业基金经理的投资行为的。他们使用的数据是 1998～2002 年期间美国股票基金经理及其投资业绩的情况。

在这一时期的头两年，美国股市陷入了科技股狂热，股票估值达到了历史最高水平。投资者疯狂追逐任何与科技、新媒体或电信相关的股票，并希望从互联网和其他新技术的提倡者所承诺的"革命"中获益。关于这次泡沫的疯狂程度已经有大量的相关书籍和报道，但有一件逸事也许可以让没有亲身经历过的年轻读者感受一下。

1999 年 3 月 29 日，"计算机文化公司"更名为"fatbrain.com"。在更名消息公布的前一天，有投资者提前得到了消息，推动公司股价上涨了 33%。该公司只是将 .com 写入其名称，生意模式和盈利前景没有任何变化，其股票价格就上涨了 1/3。

科技泡沫最终在 21 世纪初破裂。在格林伍德和内格尔观察期的后半段，从 2000 年到 2002 年，股票市场持续下跌，许多先前炙手可热的科技公司变得一文不值。

格林伍德和内格尔调查了基金经理在科技泡沫前期和泡沫破裂后的表现。他们根据基金经理的年龄进行分组，研究不同组的投资业绩是否会有不同，结果发现了一些有趣的现象（见图 4-1）。

年轻的基金经理更愿意接受新技术的前景，并加大了对这些股票的投资比重。因此，他们在科技泡沫期间的表现往往好于样本中所有基金经理的平均水平。20 世纪 90 年代末，基金经理越年轻，他们的表现就越出色，原因很简单——他们投资于科技股的仓位更重。

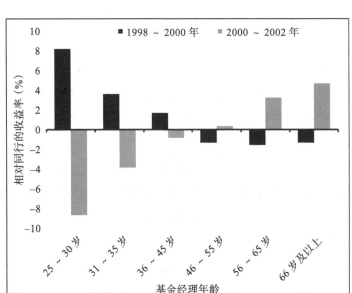

图4-1　经验丰富（年长）的和经验不足（年轻）的基金经理的不同投资表现

资料来源：Greenwood and Nagel (2009).

另外，年长的基金经理对这些新科技股的前景更加悲观，认为这些板块被高估了，因此不愿意投入过多的资金。因此，他们在20世纪90年代末的表现落后于同行的平均水平。

然而，一旦科技泡沫破灭，情况就发生了变化。现在，那些经验更丰富的投资者（他们没有把所有资金都投入科技股）的表现超过了同行，而年轻的投资组合经理的表现则明显不行。

由于年轻的基金经理没有亲身经历过股市泡沫，他们持有科技股的时间过长，甚至在泡沫破裂后也不愿意放弃。由于经验的差异，在这一轮牛市和熊市周期中，年龄较大和较年轻的基金经理的收益存在差异。作为经验更丰富的投资者群体中的一员，我当然希望能向你宣布，更年长、更有经验的基金经理的表现大幅优于年轻的基金经理。但在格林伍德和内格尔的研究中，他们发现在整个 4 年周期中，经验更丰富的基金经理的表现的确略优于其他基金经理，但领先幅度如此之小，很可能是由于偶然。

这一发现为本章的主题提供了一个引子。经验对我们的投资决策有重大影响，但随着时间的推移，大多数人并没有成为更好的投资者。大多数投资者没有从过去的经验中吸取教训，因此不能随着时间的推移改善自己的投资业绩。

这真是令人难过的事实。其原因是许多投资者都犯了一个致命的错误。我们作为投资者的经验本应提供宝贵的教训，让我们成为更好的投资者，并提高我们的业绩。但这只有在我们肯花时间和精力去总结和消化这些教训的情况下才会发生。

在这一章的最后，我将用几个实例说明我曾在投资过程中使用过的两个技巧，它们可以帮助大家系统地从过去的经验中学习，并随着时间的推移提高自己的业绩。

在学习这些技巧之前，我们首先要了解投资经验是如何塑造世界各地无数投资者的投资决策的，以及这无数个体决策的总和又是如何影响整个金融市场的。这一旅程从我们暂时离开金融市场，进入弗农·史密斯的实验室开始。

从经验中学习的实验

弗农·史密斯是美国乔治梅森大学的经济学和法学教授。他是实验经济学领域的先驱。他在实验室里建立了一个简化版的金融市场，并邀请志愿者在里面交易具有特定特征的证券。

通过实验，他和同事们发现了泡沫形成和破裂的秘密，以及其他金融市场的常见现象是如何产生的。弗农·史密斯和丹尼尔·卡尼曼凭借各自的研究成果分享了 2002 年的诺贝尔经济学奖。虽然卡尼曼已经成为经济学界的超级明星，但我往往仍然需要解释一下才能让听众明白弗农·史密斯是什么人。史密斯最重要的一些研究是关于股市泡沫和崩溃过程的。他和他的合作者在20世纪八九十年代设计了一系列实验，证明了资产泡沫在什么条件下会形成，以及投资者的个人经历在这一过程中扮演了什么角色。为了简单起见，我将重点介绍史密斯与雷希曼·胡萨姆和大卫·波特合作进行的一项最新研究。

假设你自愿参加了他们关于股票市场的这项实验。进入实验室后，你会被邀请坐在一个电脑屏幕前。在屏幕上，你可以看到一个简单的股票市场的数据。这个市场只有一只股票可以交易。在每一轮交易后，股票的持有者会随机得到每股0美分、8美分、28美分或60美分的股息。

你会被告知，实验将在15轮后停止，到时候股票价值将会被清零。一开始你会得到一定数量的现金和一些股票，然后你会被告知在其他实验室里，有其他69个人会跟你同时参与这个市场。

在每一轮交易开始的时候，你可以选择从其他投资者那里购买一些股票，或者把你的股票卖给其他投资者并获得现金收益。你有2分钟的时间来进行上述操作。然后，系统将从上面提到的4个数字中随机抽取一个作为这一期的股息，你在本轮所持有的每一股股票都能为你提供一份相应的股息。第一轮交易就此结束。这个实验会持续15轮，你被要求在此过程中尝试赚取尽可能多的利润。

在实验室进行的第一次实验中，史密斯邀请的参与者是一群大学生。这些来自乔治梅森大学金融系的学生并不愚蠢，他们知道如何计算股票的预期价值。因为有4种可能的股息，每一种股息都是等可能的，股票的理论价值应该等于每轮的平均股息乘以轮数。

在上面的例子中，每轮的平均股息是24美分。因此，如果实验只进行一轮，公平的股价应该是24美分。如果实验会进行两轮，在实验开始时的公平股价应该为48美分（第一轮24美分，第二轮24美分）。由于实验包括15轮，第一轮开始前的公平股价应该是360美分（15乘以24美分），然后应该每轮下跌24美分（见图4-2）。

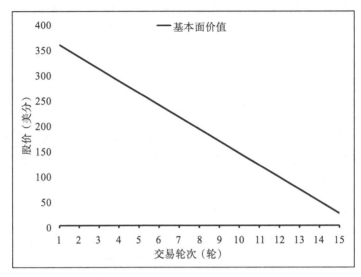

图4-2　实验中股票的基本面价值

资料来源：Hussam et al. (2008).

交易开始后一片混乱

当研究人员宣布学生们可以开始自由交易后，实验似乎经常会陷入可怕的错误。图4-3中显示了当学生们都是第一次参与实验时，大家开始交易后股票的典型价格路径。可以看到，股价走势往往与其基本面价值毫无关系。

到第10轮交易前，对于理性投资者来说，公平的股价应该是144美分，但实际的股票交易价格为468.3美分，被高估了225%，这些学生在实验室里制造了一场股市泡沫！这并不是巧合。在类似的股票交易实验中，泡沫似乎只有在实验接近尾声时才会破裂。在那个时候，每个人都意识到了这些股票很快就会变得一文不值。在图4-3中，没有经验的投资者交易形成的价格走势显示，股价在第10轮和第15轮之间暴跌了90%。

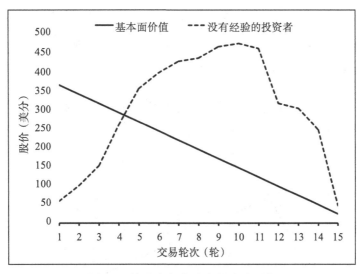

图 4-3　资本市场实验中的泡沫形态

资料来源：Hussam et al. (2008).

研究人员一开始以为问题在于学生们没能完全理解手头的任务，所以他们又在投资专业人士身上重复了这个实验。但类似的结果再次出现。泡沫几乎总会出现，而且往往越吹越大。到底发生了什么？原来其中一部分投资者并不打算根据基本面价值来为股票支付一个公平的价格，他们选择押注于随机股息会出现一个较高的实现值，所以会在每一轮竞价中抬高股票的价格。更谨慎一点的投资者非常愿意把自己的股票卖给这些乐观的投资者，以获得资本利得收益。

随着时间的推移，更悲观或更谨慎的投资者手里的股票会逐渐被转手给那些更乐观的投资者，最后都集中在了群体中最乐观的那群投资者手中。最终，当没有人愿意以更高的价格购买这些股票时，泡沫破裂了。如果这听起来很熟悉，那是因为这也是现实金融市场中股市泡沫最常见的产生机制之一。

但如果志愿者都曾多次参与实验，他们会从经验中吸取教训，这有时能避免泡沫的出现。图 4-4 中的"有两次或更多经验的投资者"交易形成的价格走势显示，如果志愿者之前参加过两次或更多类似的实验，那么该实验的股价走势会有一个新的典型发展。这次几乎没有任何偏离基本面价值的趋势。⊖

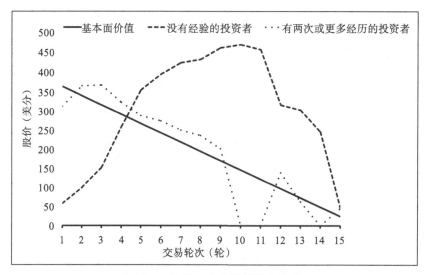

图 4-4　投资经验有助于防止泡沫

资料来源：Hussam et al. (2008).

损人利己的泡沫及其回声

不知道你注意到了没有，上图这种股价紧跟基本面价值的"枯燥"价格走势，是在选取的志愿者参与过两次及以上相关实验的情况下出现的。如果志愿者只经历过一次出现泡沫的实验，然后被要求再次参与实验，奇怪的事情发生了。

图 4-5 中的"有一次经历的投资者"走势线显示了这种情况下的典型股价走势。可以看到，如果志愿者都是只参与过一次实验的投资，仍然

⊖ 在这次实验的第 10 轮、第 11 轮和第 14 轮中股价为零。这仅仅意味着在这些回合中没有股票被交易，而不是参与者认为股票已经变得一文不值。

会出现另一个股市泡沫。

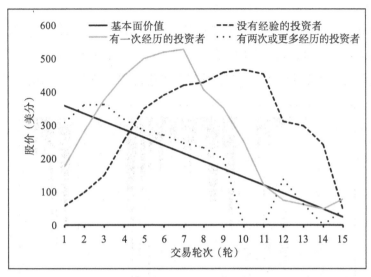

图 4-5　只参与过一次实验的投资造成的另类泡沫

资料来源：Hussam et al. (2008).

股价泡沫的规模和形态往往与第一轮实验相似。这是很奇怪的，看起来投资者似乎没有从他们糟糕的经历中学到任何东西。

当研究人员采访这些志愿者时，他们发现实际情况并不是这样的。参与者们的确学到了一些东西：他们发现有很多傻瓜愿意以惊人的价格购买股票。因此，志愿者们创造了一个损人利己的泡沫，他们完全知道股票价格过高，但希望能够在市场崩溃前将手中的股票出售给一些后知后觉的投资者。当然，这个招数并不奏效。最终，许多志愿者第二次被泡沫炸伤。这次之后他们终于吸取了教训，不再敢轻易尝试把股价抬高到高于公允价值的操作。

自然环境下的泡沫回声

现在让我们回到真正的金融市场，看看历史股价走势中是否出现过这类损人利己的泡沫。图 4-6 显示了自 1900 年后英国股市的所有大幅下跌。我们可以通过每次泡沫结束时都会发生的严重下跌来识别泡沫。

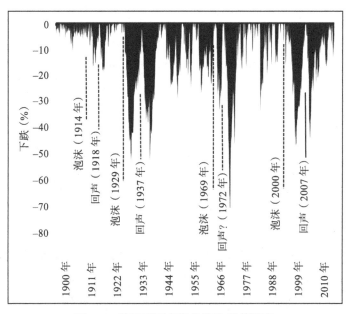

图 4-6　英国股票市场的泡沫及其回声

资料来源：Bloomberg, Bank of England.

引人注目的是，这些崩溃似乎都是成对出现的，一个泡沫破裂之后几年内往往又会出现另一次泡沫破裂，看起来就像是有回声似的。例如，20 世纪早期的繁荣导致了 1914 年第一次世界大战爆发时的市场崩盘。战争刚结束时，投资者预期战前的好日子将会继续，于是泡沫再起。但当战争的破坏将限制经济增长和繁荣的事实越来越明显时，股市再次下跌。结果是 4 年内发生了 2 次重大的下行行情。

1929 年的经济崩溃引发了大萧条，结束了被称为"喧嚣的 20 年代"的繁荣期。然而，在 20 世纪 30 年代初，股票市场又翻了一番，大萧条似乎就要结束，但在 1937 年又暴跌了 50% 以上，因为显然大萧条还远没有结束。

最后是 20 世纪 90 年代末的科技泡沫，这次泡沫的破裂导致英国股市在 2000～2002 年间下跌了近 50%。但紧接其后的 2001 年和 2002 年又出现了一次不同寻常的复苏。说这次复苏"不同寻常"是因为同一时期失业率依然居高不下，通货膨胀率也不像之前正常的复苏周期那么高。在此期间各国央行长时间将利率维持在过低的水平，无意中催生了房地产泡沫，最终在 2007 年破灭，引发了 2008 年的全球金融危机。

从英国股市的历史中可以看到，似乎每一次大的股市下跌都会在随后几年引发一次泡沫回声。唯一的例外似乎是 1969 年科技股和成长股热潮在所谓的"沸腾的岁月"结束时的崩盘。这一次股票市场在大幅下跌后迅速恢复，但又被 1972 年的另一次重大市场下跌打断了。但这可能并不是典型的泡沫回声，因为这次下跌是由外部冲击引发的，当时欧佩克对西方国家实行的石油禁运导致油价大幅上升。

总体而言，投资者似乎必须在短时间内经历两次市场泡沫和崩盘，才能学会避免它们。

记忆退却之后：泡沫再现

粗略地看一下金融市场的历史便可以确认，历史上肯定发生过不止两次泡沫和崩溃。事实上，在一个泡沫及其回声破裂之后，在另一个泡沫形成和新的崩溃之前，通常会有一段较长时间相对平静且市场表现正常的时期。但在投资者看起来已经吸取了经验并学会不再追逐泡沫之后，记忆似乎又会随时间的流逝而慢慢退却。总有一天，过去的教训会被遗忘，新的泡沫又有了形成的条件。

为了研究这是如何发生的，我们必须最后一次回到实验室，看看史密斯他们做的最后一组实验。这一次，研究人员让志愿者先参加几次实验，以便他们积累足够的经验，以避免没有经验者的泡沫和损人利己的泡沫。接下来研究人员会用三种不同的方式来改变实验条件，从而改变实验的运行轨迹。

在第一种变化中，他们会给每个参与者更多的现金，但不改变股票的数量。这模拟了一种常见的市场情景，即央行通过大幅降低利率（或使用量化宽松政策大幅增加货币供应量）来对抗股市崩盘。该政策会造成更多的流动性像以前一样追逐同样数量的资产。

在第二种变化中，研究人员不改变现金和股票的数量，但显著增加股息的潜在波动。这模拟了另一种市场环境，即公司采用了一项新技术，但其应用前景尚未明确。也就是说，它有可能显著提高公司的增长潜力和股票股息，但如果技术的应用效果不尽人意，股息也有显著降低的可能性。

最后，在第三种变化中，研究人员把有经验的投资者和没有经验的投资者混合在一起，让他们互相交易。这模拟了这样一种环境：有经验的投资者逐渐退休，取而代之的是部分年轻而缺乏经验的投资者。

这三种情况的结果是相似的。图4-7显示了这些实验的一个典型结果。在这三种情况中，研究人员在实验市场中都能看到一种新的泡沫形式。泡沫的规模与没有经验的投资者所造成的泡沫相当，股票的成交量也差不多。

但这些重新点燃的泡沫，其持续时间比在没有经验的投资者市场中观察到的泡沫要短一些。这表明，如果满足某些条件，市场对过去泡沫和崩溃的经验可以被遗忘。

尽管市场上充满了理性和经验丰富的投资者，但新技术的出现以及对此技术未来增长的乐观情绪可能会催生新的泡沫。如果央行为了刺激经济印了太多的钞票，或者提供了太多的流动性，这也能为未来的新泡沫埋下种子。没有经验的年轻投资者的加入也会使市场更容易受到新的泡沫的影响。

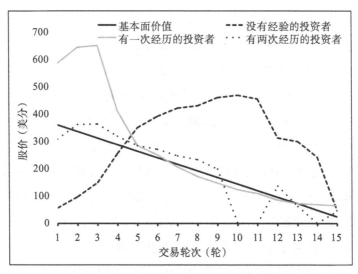

图 4-7　有经验的投资者重新点燃泡沫

资料来源：Hussam et al. (2008).

事实上，研究人员发现，没有经验的投资者只要占到投资者总数的 1/3，泡沫就有可能会再次形成。如果我们假设投资者的平均职业生涯是 30 年，那么在上一次经济衰退 10 年之后，大约 1/3 经历过这次衰退的投资者会离开市场，被新的投资者取代。如果在这 10 年里股市没有遭遇新的衰退或危机，正如在 2008 年全球金融危机后的 10 年那样，那么市场上就会存在大量缺乏应对泡沫经验的投资者，这足以重新点燃新的泡沫。另外，金融危机之后 10 年间，各国央行施行了大规模的流动性扩张，与此同时社交媒体和人工智能等新技术也在不断涌现，这些都为下一个大泡沫的形成提供了肥沃的土壤。

职业风险是从经验中学习的障碍

本章介绍的这些在实验室里进行的实验，以及其他类似的实验，可以解释为什么在金融市场之上会一次又一次地出现泡沫和崩溃，并且可能会永远持续下去。但它们无法解释为什么同一个投资者要花这么长的时间才能从过去的失败中吸取教训，以及为什么大家从经验中学到的东西如此之少。具有讽刺意味的是，目前被广泛采用的对投资行业从业者的评价和激励体系似乎成了从过去的经验中学习的巨大障碍。

我在第二章中已经介绍过短期主义对基金经理和个人投资者业绩的不利影响。这种对短期的过度关注也阻止了一些基金经理和个人投资者从过去的投资经验中吸取教训。让我们以加里·波特和杰克·特里夫茨在2012年进行的一项研究为例来说明该问题，该研究旨在确定那些拥有极其漫长且成功的职业生涯的基金经理究竟具备哪些共同的品质。

他们的研究基于15 225名基金经理管理的41 248只基金的数据。为了研究个人经验对基金经理业绩的影响，他们从中筛选出了只由单个基金经理（而不是一个基金经理团队）管理的基金，并且该基金经理必须管理同一只基金10年以上。这样的案例当然不会太多，最终满足这些标准的基金共有355只，不到总数量的1%。这355只基金由288名基金经理管理，其中既有富达基金的彼得·林奇和美盛基金的比尔·米勒等大咖，也有一些知名度较低的其他基金经理。

这项研究的关键发现之一是，如果一位基金经理在刚接手基金的前几年就遭遇开局不佳，那他就没有时间从过去的错误中吸取教训，然后改善自己的表现。研究发现，任期只有3年或更短的独行侠基金经理，在他们被基金公司解雇之前，其年平均投资业绩比市场基准低了1.33%。另一方面，持续经营某家基金10年或更长时间的基金经理，在其接手该基金的前3个年份的平均投资业绩比市场基准高了1.18%。

因此，即使你是一个有实力的基金经理，但在自己接管基金的前3年表现不佳，你的投资者和雇主就会抛弃你，所以你会被迫离开自己管理的基金。另一方面，如果你在任期的前3年表现出色，你就有机会继续发挥。投资者和基金公司倾向于根据3年的短期业绩进行评价，这排除了一些在更长的时间中可能会获得良好业绩的基金经理。

大多数基金经理的表现会随着经验增多而变差

这种倾向性还有另一个意想不到的恶劣后果。如果某个基金经理在其任期的前3年里所采用的投资策略和投资方式给他带来了成功,那他在之后的投资生涯中很可能会坚持继续做同样的事情。毕竟,如果因为改变投资方式导致表现不佳,投资者就有理由放弃你的基金,你的雇主也有理由让另一个基金经理取代你。

因此,即使在市场发生剧烈变化的时候,曾经成功的基金经理们往往也不愿意轻易改变既定的投资操作流程。这种趋势的最终结果是,基金经理的投资业绩往往会随着时间的推移而下降,因为他们会反复应用过去被证明有效的流程,即使这些流程现在不再有效了。

图4-8显示了业绩记录超过10年的基金经理们前3年的业绩,以及他们在之后几年获得的业绩。波特和特里夫茨首先展示了所有基金经理的平均表现,在接手基金的前3年里他们平均每年能获得1.2%的市场调整收益率,但在接下来的几年中会下降到只有每年0.5%。他们还按照前3年的业绩排名进行排序,研究了表现最好的前1/4的基金经理和最优秀的10名经理的相应表现。

前1/4的顶级基金经理的表现会从最初3年的每年6.8%下降到之后的每年4.6%。只有极少数名列前茅的基金经理能成功地延续最初3年的成功。由于几乎不可能在事前确定哪些基金经理能持续辉煌,基金的投资者不得不面对一个难以忽视的事实:他们所选择的基金和管理投资的基金经理,可能随着基金管理经验的增加而表现得越来越差。

下次有基金管理公司或基金经理用他们的多年从业经验作为卖点来说服你时,不妨考虑一下这一事实。他们的潜台词是更多的经验使得他们成了更好的投资者,但实际上这些经验也有可能使他们变得更糟。

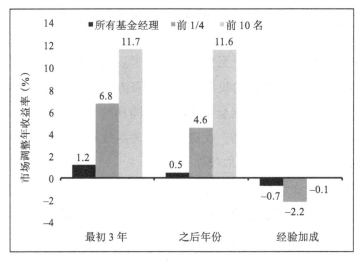

图 4-8　经验丰富的基金经理的业绩表现

资料来源：Porter and Trifts (2012).

个人投资者也没有从过去吸取教训

并非只有专业基金经理才会犯这样的错误。个人投资者也会犯同样的错误，他们也会试图重复过去行之有效的投资操作，却往往发现自己的投资业绩随着时间的推移而下降。2018 年，威廉·贝兹利及其同事进行了一项研究，研究对象是 1499 名在一家美国经纪公司开立新账户的个人投资者。研究人员观察了他们从事股票交易活动前 3 年的投资表现，图 4-9 显示了这些投资者分阶段的平均月度投资业绩。

研究发现，这些个人投资者的投资业绩在开户后 6～12 个月左右会发生急剧下滑。业绩下滑的部分原因是，投资者往往会受到开户后最初的几笔及最近发生的几笔交易的严重影响。

研究发现，如果这些个人投资者努力重复过去曾经奏效的操作，避开做那些效果不佳的操作，会导致自己的月收益率下降约 3.2%。实际数据显示的下降幅度只有 2.1%（如图 4-9 所示），小于 3.2%。这大概是因为这些新手个人投资者们并非完全不能从经验中吸取正确的教训，他们的投资组合在某些方面确实有所改善。

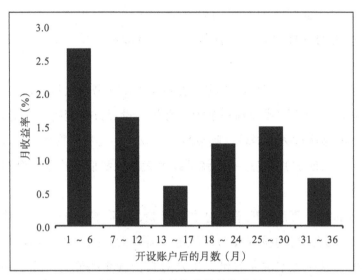

图 4-9　个人投资者的投资业绩

资料来源：Bazley et al. (2018).

随着时间的推移，投资者学会了将投资组合分散化，并减少交易频率。这些操作在一定程度上抵消了投资业绩的下降，但他们的总体投资表现仍然随着时间的推移在显著下降。

从经验中学习

我们在投资过程中积累的经验可以成为提高自己投资能力的有力工具。我们所需要做的就是从中学习到正确的教训，这样随着时间的积累，就能在投资方面变得越来越好。这并不意味着我们能达到完美的境界，成为下一个沃伦·巴菲特或彼得·林奇。我们中的大多数都只是普通人，并不具备这些投资传奇所展示出的高超投资技巧。

因此，无论我们已经从自己的经验中学到了多少东西，都应该明白自己仍然有可能会买入赔钱的资产。这也许是因为我们在投资过程中犯了一些错误，也许因为我们对投资原理的理解出现了一些问题。这些都是投资的一部分，也是让投资变得有趣的调味剂，至少对我来说是这样。

市场是处在不断变化当中的。正如我将在本书第七章中指出的那样，这使得对它进行预测或找到一个始终有效的投资方法变得不可能。但是，如果我们能够从过去的经验中吸取教训，就不会再犯同样的错误（至少不会犯第三、第四次）。仅这一点就可以大大减少我们在构建投资组合时出现的问题。

幸运的是，要系统地学习过去的经验，提高自己的投资业绩，我们并不需要什么花哨的投资技巧，甚至不需要太高的投资知识水平。我们所需要的只是一支笔和一张纸，以及对自己诚实的能力。接下来我将向你展示投资日记和投资清单如何能对你的投资水平提升产生重大影响。

投资日记

我的投资工具包中最重要的组成部分之一就是日记本，事实上，这是我使用时间最长的工具。投资日记的概念很简单。对于你所做的每一个投资决定，你都要写下自己具体做出了什么决定，为什么你认为这个投资决定是必要的并且能带来利润，以及这项投资的风险是什么（或者说为什么它会出问题）。

这不是要你去写一整本小说，用三个简明的要点来解释你的决定和理由就足够了。你也不必把日记拿给别人看，让自己尴尬。就像平时写的日记一样，它包含了你最私人的一些想法，因此，应该留给自己或只向你信任的人展示。作为一个例子，请看图4-10中的投资日记样本。2019年夏天，我战术性（短期）地买入了美国的股票头寸，试图从美国央行多年来首次降息并提振股市的可能性中受益。

> 2019年6月19日
> - 在标准普尔500交易所交易基金中投资10 000美元，投资期限为3～6个月。
> - 投资原因：美联储预计将在夏季降息，以提振放缓的经济。这应该会给美国股市提供短时间的支撑，但不足以避免未来长期可能的衰退。
> - 风险：美联储降息的可能性也许已经被市场完全消化，或者市场可能将降息解读为衰退即将来临的信号，导致美国股市下跌。

图4-10　一个投资日记样本

当我写这篇日记的时候，关于这项投资还有很多未知数。从历史数据来看，当美国央行在一段较长时间的平静期以后首次降息时，美国股市会出现短暂反弹。这是因为降息意味着企业和家庭可以获得更便宜的信用贷款和抵押贷款。这可能刺激他们的贷款需求，增加他们用贷款得到的资金进行投资或购买更昂贵的消费品（比如一辆新车）的可能性。

从历史上看，央行首次降息时，经济往往还没有陷入衰退，但已经从过去一段时间的强劲增长势头中放缓，或者通货膨胀率处于远低于央行目标的水平。在这种环境下，对增长变慢的担忧还不足以引发对经济衰退的普遍担忧，后者显然对股市非常不利。相反，在以往的首次降息时，投资者往往对经济前景持中性或略乐观的态度，并会期望降息将刺激经济和通胀，进而推高股价。

这项投资的风险来自几个方面。虽然从历史数据看，在央行首次降息时买入股票的策略平均来讲是奏效的，但并非每次都是如此。在有些时候，比如2007年，央行降息来得太晚，衰退已经开始了。其结果是在降息正式发生之际，已经有越来越多的投资者意识到经济正在下滑，未来的企业利润将大幅下降，甚至可能变成负数。美联储的这次降息未能提振股市，股价迅速下跌。同样，股市可能已经普遍预期到降息的到来，因此当降息正式宣布时，股市参与者不会采取任何行动。

在写这份投资日记时，我不知道这个投资决策的结果会是什么。所以等到出售这次买入的基金的时候，我必须写下另一份投资日记，来记录何时卖出了该基金，投资结果如何（赚了还是亏了），之前买入时的推理是对还是错。

在这个过程中，保持诚实是最重要的事情。有时候，一项投资盈利的原因与我们预期的不同。或者，我们可能预期到了一些风险，但实际情况是其他意料之外的事件导致了消极的结果。在投资日记中你应该如实记录自己是出于正确的原因而做对了，还是只是运气好而已。

我们人类在某些事情上有着难以置信的天赋，比如总能在事后为自己的行为找到正当的理由，或者把任何实际发生的事情归功于自己。具体到投资上面，股市可能如我之前所料那样上涨了，但这并不一定是因为我料事如神，也可能是因为美国的经济数据的确有所改善，或者投资者对未来企业利润的前景变得更加乐观，而不是因为央行降息。

如果我没有及时记录自己做出投资决定的最初原因，就可能会陷入这样的思维陷阱，认为自己早就看到了经济前景改善的可能性，而这正是我做出该投资的首要原因。但如果你亲手写下投资日记，里面记载了自己做出这项投资的原因，你就很难自欺欺人地说自己一直都知道会发生什么。

为了提高效果，我建议你坚持手写投资日记。如果你看到的是自己本人的笔迹，而不是电脑存档，你就很难说服自己这份记录不是自己过去真实的所思所想，或者把你的错误归咎于别人（比如你的财务顾问或电视上的专家）。这个过程中重要的一个要素就是要对自己诚实，并对自己的成功和失败负责。

每年至少回顾一次你的日记

最后，写完投资日记之后也不能将之束之高阁。每年我都会抽出点时间，坐下来浏览我去年的所有日记条目，系统地回顾过去一年自己做过的所有投资决策。这样做是为了找出可能导致我犯错的行为模式。

但我不得不警告各位，这样做可能不会提升你的自信心！看过自己的投资日记，你会意识到自己做投资决策时犯错的频率是如此之高，难得正确的几次又都是因为运气好（也就是说，结果对了但原因错了）。这真的是一个打击自信心的过程。但这也是你从过去的错误中吸取教训，并有机会成为一个更好的投资者的必经之路。

坚持写投资日记这么多年以后，我对自己的投资决策过程的缺陷有了越来越多的了解。我从自己的投资日记中学到的第一件事是，我是个擅卖不擅买的投资者。

我的投资生涯始于20世纪90年代末的科技泡沫时期，最早的投资决定之一就是购买了一只专注于科技股的基金。在刚买入的时候，科技股正受追捧，该基金表现极其出色。但泡沫破灭之后，我继续持有该基金的时间太长，最终不得不以巨大的损失卖掉了它。

如果这听起来耳熟，那是因为我的行为与本章开头讨论的格林伍德和内格尔研究中的年轻基金经理一模一样。之前我是泡沫的信徒，但这次被严重烧伤了。在那之后，我看什么都是泡沫。在之后的投资中，我想要不惜一切代价避免类似的经历，所以倾向于在出现麻烦的第一个迹象时就卖掉投资。在2008年金融危机爆发前，我卖掉了一些股票，这是一次不错的交易。我当然没有提前预测到金融危机，也没有卖出自己的所有股票，但由于极度担心损失，我在2007年年底卖出了一些头寸。幸运的是，市场随后出现了暴跌。

然而，这种对损失的恐惧也阻止了我在股市复苏初期买进股票。股市反映的通常是几个月后的未来，所以当经济状况依然糟糕，而坏消息仍然层出不穷时，往往也是投资股票的最佳时机。这是因为，只要未来的情况比当前消息显示的好一点，到时候股价就会上涨。正如一句古老的谚语所说：血流成河，进货时刻。

翻阅一下2008年和2009年的投资日记，我很快意识到自己在2009年买入股票的时点太晚了，当时短期复苏已经接近尾声。此外，我在复苏过程中的投资金额也低于我在危机前卖出的金额。最后，我的投资表现只比金融危机期间买入并持有股票的投资者好一点点。如果我能早点克服疑虑，早点再次入市，可以表现得更好。

根据上述分析，我决定对自己的投资清单做一些更改。我决定引入一个机械规则，用于市场复苏的早期阶段，以避免自己的情绪影响决策。我只是在投资清单中添加了一条：一旦股票市场指数上涨超过了 200 日移动均线的重新买入点，或市场指数从最近 3 个月的低点上涨超过一定幅度（见第三章），就必须再次买入，金额要等于我之前止损时出售的额度。无论我认为有什么风险，都强迫自己必须遵循这个规则。从那以后我的投资表现有了显著的提高，因为我不再因为自己的情绪而错过市场复苏。

你的投资清单

是不是有人问在最后一段提到的投资清单是什么？那就是从经验中学习的工具箱中的第二个工具。有很多因素可以影响一项投资。随着时间的推移，你对自己和金融市场的了解可能会包含越来越多五花八门的内容，不可能全部记住。我们的记忆能力有限，而且经常要在一个复杂的环境中工作。无论你是多么厉害的专家，总有一些事情你会时不时忘记去做。

阿图·葛文德在他精彩的著作《清单革命》（*The Checklist Manifesto*）中，讲述了飞机驾驶员检查清单的引入如何导致坠机事件的急剧减少，以及手术室检查清单的引入如何显著减少了病人的死亡人数。杰出的价值投资者盖伊·斯皮尔将这一理念应用在了投资过程中。因为他是一个使用选股策略的价值投资者，他的清单上包含了如何检查公司的资产负债表、现金流量表、盈利能力和管理水平等的所有细节。

在他的著作《与巴菲特共进午餐时，我顿悟到的 5 个真理》（*The Education of a Value Investor*）中，斯皮尔介绍的清单包含了一些非常奇特的问题，比如，公司的首席执行官是否正经历离婚或其他某种生活危机？我猜想他曾从自己经验中学到，这样的事件会分散公司领导人的注意力,让公司的盈利处于危险之中。

我建立的投资清单是与我本人的投资风格相适应的,更偏向于分析宏观经济的发展和趋势。在构建投资组合时,我几乎从不购买单一的个股,通常会投资于分散化基金,包括指数基金和主动管理型基金。根据从投资日记中总结的经验教训,我的清单中的主要内容是要将自己的情绪和偏见排除在投资过程之外,并在需要时引入机械规则。

但重要的不是我或者其他知名投资者创建的清单的确切细节。就像投资日记一样,它们是非常私人的,不能从其他人那里复制。恰恰相反,你需要建立的是一个只适用于自己个人的清单,遵循一个不断地做出投资决策的过程,把它们写在投资日记中,回顾投资日记,最后再把从投资日记中学到的东西纳入下一个版本的投资清单,这样你在以后做投资决定时就可以利用这个清单了。

通过这种方式,你成功地创建了一个持续的正反馈循环,让自己以一种定制化的方式从自己本人的投资经验中学习,并有很大的机会随着时间的推移提高自己的投资水平(见图4-11)。

图4-11 从经验中学习的投资过程

■ 本章要点 ■

- 作为投资者，我们的投资决策会受到自身经验的影响。年轻、缺乏经验的投资者与年长投资者会拥抱不同的投资风格，投资的资产类型也各不相同。
- 不幸的是，几乎没有证据表明投资者的投资业绩会随着自身投资经验的积累而改善。经验的确会改变我们的投资方式，但不一定是往好的方向改。
- 来自金融实验室的研究表明，如果投资者经历过多次的泡沫和崩盘，他们会逐渐了解市场，并学会避开金融泡沫。但这个学习过程是缓慢的，投资者通常要经历好几个繁荣和萧条周期才能学会识别它们。
- 这种缓慢的学习可能导致泡沫回声，即在市场参与者最终吸取教训并开始更理性行事之前，两个大的市场泡沫和崩溃会在短时间内相继发生。
- 不幸的是，市场往往会忘记过去的教训，因为新进入市场的那些更年轻、经验更少的投资者可能从未遇到过类似情况。一段时间之后，历史会重复之前发生过的模式。为了加快学习过程，避免多次犯下同样的错误，我建议大家养成写投资日记的习惯，记录自己做出的每一个投资决定、做出决定的原因和面临的风险。
- 应该定期对投资日记进行诚实的审查，以排除自己在投资过程中存在的系统性偏见。为了避免这些偏见的负面影响，投资者应该设定一些明确具体的投资规则并加以遵守。
- 这些投资规则应该形成一个投资清单，在做每一个新的投资决策之时都要遵守。这样一来，新的投资决策就能积极地从过去的经验中吸取教训。

| 第五章 |

不要忽略故事的另一面

让我们回到1998年。当时美国股市正在经历科技股泡沫，来自蓬勃发展的互联网领域的机会似乎无穷无尽，信息技术似乎注定要给我们的世界带来一场革命。

要从这些创新中受益，需要大家都拥有一台电脑。但在1998年，只有大约1/3的美国家庭拥有电脑。这个局面将迅速改变。仅仅2年之后，超过一半的美国家庭拥有了电脑。到2015年，这一比例进一步上升到了90%（见图5-1）。

如果熟知历史的你回到1998年，并想从该趋势中获益，该如何操作呢？一种方法是购买硬件制造商（如IBM）的股票，或者购买计算机芯片制造商（如英特尔）的股票。但你是一个"开挂"的投资者（毕竟，你对计算机的未来发展有完美的"预见"能力），所以你知道计算机、处理器和其他硬件的市场竞争过于激烈，许多公司会不断试图用价格战的方式打击竞争对手。这将压缩它们的盈利空间，最终降低它们的利润增长。但也不是没有更好的操作手段。

有一家公司在该产业的一项关键技术上具有准垄断地位——不久之

后，世界上几乎每一台计算机上都安装了微软的 Windows 操作系统。20 世纪 90 年代末，全球约 98% 的电脑运行 Windows 软件（到 2019 年时，这一市场份额仍高达 87%）。

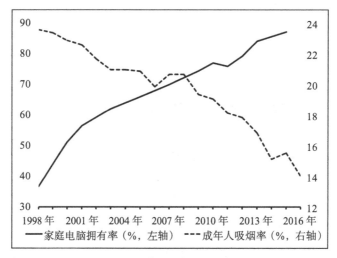

图 5-1　美国的吸烟率和电脑拥有率

资料来源：CDC, US Census Bureau.

世界上每一本经济教科书都写着，虽然垄断对消费者不利，但对公司的投资者是大大有利的，因为垄断者可以决定产品的价格，因而拥有定价权。因此，微软的利润率应该会保持在很高的水平，而且考虑到未来家庭电脑的安装数量可能会进一步增加，你可以预计其利润也将迅速增长。微软股票的购买者看起来将迎来一个最为光明的未来。

信息技术的蓬勃发展与烟草业的悲惨命运形成了鲜明的对比。几十年来，尽管有越来越多的证据表明吸烟会导致癌症和其他疾病，大型烟草公司却一直宣称吸烟对健康无害。到 20 世纪 90 年代中期，美国的许多州政府都对各大烟草公司发起了诉讼，声称这些公司明知道自己产品的健康风险却仍做虚假宣传，给联邦医疗保险和联邦医疗补助等国家健康基金带来了巨额成本。

面对这些诉讼，美国几家主要的烟草公司如菲利普·莫里斯、雷诺烟草、布朗＆威廉姆森烟草公司和罗瑞拉德最终与46个州的州检察官达成了和解协议。根据协议要求，它们必须在25年内支付2060亿美元赔偿，此外还禁止这些公司继续向年轻人做广告，并要求它们为减少年轻人吸烟的相关政策和措施捐献数十亿美元的款项。

这起事件严重影响了烟草消费（图5-1显示，1998～2015年，美国成年吸烟者的百分比从23.5%下降到了15.5%）。背负着巨额赔偿并面对着需求急速下降，大型烟草公司似乎注定要完蛋，它们的股票变得一文不值肯定只是时间问题。

开挂也可能赚不到钱

如果在1998年的时候，你告诉大家自己打算购买菲利普·莫里斯（后来更名为奥驰亚）的股票，并出售微软的股票。考虑到前面分析过的大趋势，大家恐怕会怀疑你的精神健康状况。然而，如图5-2所示的那样，这正是长期投资者在1998年应该做的操作。

最初几年，随着科技泡沫的持续，大型烟草公司的投资者也得知了和解协议的巨额成本，微软的股票表现远远好于奥驰亚的股票。1998年上半年和解条款公布后，奥驰亚的股价下跌了18%，同一时期微软的股价上涨了40%以上。微软的这段优异表现一直持续到了2000年前几个月科技泡沫破裂的时候。

但从那时起，奥驰亚的股票价格走势驶入了一条单行道，从2000年到2015年年底每年可以为投资者带来17%的收益，而微软的股票则停滞不前，收益率几乎为零。直到2015年后新的一轮技术繁荣出现，微软的股价增长才再次赶上并最终超过奥驰亚。

微软和奥驰亚的股价走势为什么会与图5-1所预示的基本面趋势截然不同呢？一家看起来濒临破产的公司，其股价的增长怎么可能超过一家垄断一项关键成长型技术近 20 年的公司呢？

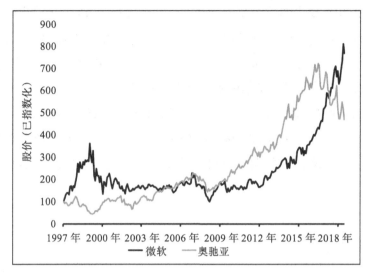

图 5-2　微软和奥驰亚的股价走势

资料来源：Bloomberg.

一个关键的错误

根据图 5-1 做的分析犯了一个关键的错误，这也是世界各地的投资者最常犯的错误之一，那就是只看到了事情的一个方面。经济学的一个基本原理是，价格是供给和需求共同作用的结果，但图 5-1 仅显示了需求方面。美国家庭对电脑的需求（就此而言，世界各地的家庭也一样）的确在稳步上升，对微软公司生产的 Windows 操作系统的需求也随之上升。但是供给方面呢？

20 世纪 90 年代，年轻的企业家们创办了一大批新的技术公司，这些公司逐渐改变了世界。例如，一个名叫杰夫·贝佐斯的年轻人创办了一家名为亚马逊的公司，在互联网上销售书籍。1997 年 5 月，亚马逊上市，今天，它是世界上市值最高的公司之一，贝佐斯也一度成了世界上最富有的人。

　　风险资本家们竞相为这些年轻的企业家提供资金，帮助他们快速实现自己的想法。谷歌的横空出世和Facebook等社交媒体的迅速兴起都是这个过程结出的硕果。信息技术的发展也伴随着新的硬件技术，比如智能手机，这是长期以来被微软忽略的一个趋势。

　　如果把所有的电子设备都考虑在内，而不是像我上面所做的那样只关注个人电脑，那么微软Windows的市场份额现在只有38%。与此同时谷歌公司的安卓操作系统占据了37%的市场份额，苹果公司的iOS和macOS操作系统加起来占有21%的市场份额。

　　在20世纪90年代末，微软曾是准垄断企业，但20年后的今天，市场格局已演变成了三方竞争。随着来自新供应商的激烈竞争，微软的利润率下降，增长乏力。这些因素在10多年的时间里一直困扰着微软及其股价。

　　作为对比，在操作软件和IT解决方案的供应自20世纪90年代末以来迅速增加的同时，烟草产品的供应商数量却显著减少了。

　　让我们回顾一下1998年达成和解协议的烟草公司名单。菲利普莫里斯公司仍然存在，并在2008年将国际业务剥离后更名为奥驰亚，其国际业务最后拆解成为一个独立运营的实体——菲利普莫里斯国际。雷诺烟草于2004年与布朗和威廉姆森烟草公司合并，并更名为雷诺美国。2015年雷诺美国收购了罗瑞拉德公司，合并后的公司又在2017年被英美烟草收购。

　　20年后，曾经的四大烟草公司变成了两家。从某种意义上说，烟草业的供应端，或者至少是供应端的竞争压力已经大幅下降了。因此存活下来的烟草公司得以从和解协议的巨额赔偿中恢复，并将利润空间扩大到足以弥补吸烟者数量下降的程度。

　　这种错误在投资者中太常见了。在评估供求关系时，预测需求往往更为容易，也更能让投资者产生共鸣。在2008年，由于来自中国等新兴市场的强劲需求，油价首次突破了每桶100美元。当时，中国迅速成长为仅次于美国的第二大石油消费国,市场预计未来几年中国的石油需求仍将迅速增长。实际上也的确如此,在2008~2018年期间,中国的月石油进口量从1500万桶增至4000万桶。

早在2008年,这些预测就引发了对"石油峰值论"的担忧。该理论认为,由于供应跟不上需求,我们将很快用光石油并将面临无限上涨的石油价格。但随后发生的事情却恰恰相反,由于高油价使新技术(如液压破碎法)的开发应用有利可图,美国重新从石油净进口国变为净出口国,全球的石油供应也大幅增加。

最后在2016年,原油价格大幅下跌至30美元每桶以下。这反过来又引发了对石油供应过剩的担忧,因为投资者此时又预计石油供应增加的趋势将会持续,并开始担心中国和美国将无法满足巨大的页岩油气供应。但在这么低的石油价格下,许多页岩油生产商不再盈利,不得不削减产量,甚至破产,从而减少了供应(见图5-3)。

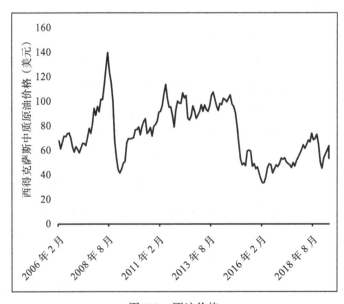

图 5-3　原油价格

资料来源:Bloomberg.

在本章中，我将集中讨论忽略故事的另一面对投资组合的影响。我们将会看到，只关注需求增长的人会忽视供应（反之亦然），这是一个非常普遍的人类思维特性的自然结果。人类会不断地寻找能支持自己信念的证据，并且很难处理与自己的观点相矛盾的信息。

在现实中想要抑制这样的自然冲动是很难的。但在本章的最后，我将尝试提出一个可能有所帮助的方法，帮助大家通过尽量严格遵守纪律来改变自己吸收信息的方式。

我们不喜欢听到反面意见

自 2016 年特朗普赢得美国大选和英国脱欧公投以来，大家都在激烈讨论一个名为"回音室效应"的现象。该效应发现，很多人倾向于只观看符合自己政治观点的新闻，从而不断地加深自己原有的偏见。在过去 20 年里，福克斯新闻和微软全国有线广播电视公司等美国有线电视台的新闻报道呈现出日益两极分化的趋势。但大部分的责任应该归咎于社交媒体，比如 Facebook，它们根据算法向用户提供新闻，这些算法能识别哪些内容最能吸引特定的用户。

为了弄清"回音室效应"是否真的存在，哈佛大学的沃尔特·夸特罗乔奇和他的同事们做了两个实验调查，调查对象一个是 27.9 万名意大利 Facebook 用户，另一个是 980 万名美国 Facebook 用户。研究人员分析了所有用户从 2010 年到 2014 年的点赞和回帖情况，将他们分成了两组。一组是有科学思维的用户，他们会相互分享关于不同领域最新研究成果的事实信息和报告；另一组是阴谋论者，他们会阅读、评论和转发跟阴谋论有关的帖子。

研究人员随后将两种不同类型的帖子展示给这些用户。在意大利，研究人员创建了一个被称为"乌有工厂"的站点，在上面模仿阴谋论的口吻发布一些编造出来的尖酸刻薄且似是而非的消息。在美国，研究人员创建了一些借助数据和信息揭穿阴谋论的站点。

然后他们统计了有阴谋论倾向的用户参与不同内容的频率。如图 5-4 所示，结果相当惊人。在意大利有阴谋论倾向的用户中，约 15% 的人与被刻意伪造的虚假信息进行了互动（比如点赞或评论）。不管"乌有工厂"上的说法多么离谱，绝大多数有阴谋论倾向的用户都愿意接受这些说法，并亲自在 Facebook 上传播这些说法。

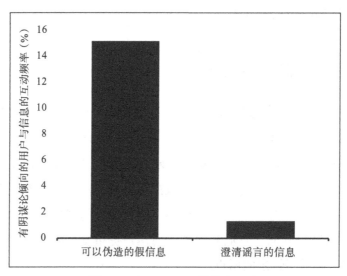

图 5-4　在 Facebook 的信息互动

资料来源：Quattrociocchi et al. (2016).

但对于那些旨在揭穿阴谋论的信息，阴谋论倾向的用户就不太可能参与其中。只有不到 1.3% 的有阴谋论倾向的用户在美国发布的揭露真相的帖子下进行了点赞或评论。当面对与自己原有信念相矛盾的信息时，我们倾向于尽可能地忽略它。

测试自己的确认偏误

忽视与自己信念相矛盾的信息，只搜集与信念一致的信息，这种倾向被称为"确认偏误"。心理学家们早就记录过这一现象,一个经典的例子是查尔斯·罗德、李·罗斯和马克·莱珀在1979年的一项研究。

他们招募了151名对死刑持反对意见的学生,并从20篇关于死刑的文章中随机抽取2篇让他们阅读。这些文章中的一部分是支持死刑的,而另一些则反对死刑。阅读的过程没有帮助参与者之间建立更多的共识,恰恰相反,参与者之间的两极分化被加剧了。

赞成死刑的人对反对死刑的理由不以为然,在阅读之后更加确信保留死刑才是对犯罪的有效威慑。反对死刑的人变成了更激烈的反对者,因为他们对支持死刑的文案不屑一顾,完全不相信死刑可以威慑犯罪的相关论据。

我们都倾向于认为自己是客观的人,能够权衡赞成或反对某个话题的论点。但在现实中,我们在综合权衡相互矛盾的信息时可能比自己意识到的更有偏见。1971年,保罗·沃森和戴安娜·夏皮罗设计了一个简单的实验来证明这种偏见的存在。你可以自己尝试一下。

假设你是一所大学的管理员,你必须检查一组卡片上的标记是否正确。卡片的一面是字母,另一面是数字。检查的规则是要确定,如果卡片的一面是字母D,那么另一面必须是数字3。图5-5展示了需要检查的四张卡片。

图 5-5　应该翻开哪张卡片

资料来源:Wason and Shapiro (1971).

显然,检查它们的最简单方法是把四张卡片全部翻过来并逐一检查。但这种方法也许工作量太大了,因为你要检查的卡片数量可能远不止这四张。因此，你希望通过检查最小数量的卡片来确定是否有违反规则的情况出现。你应该翻开哪些卡片呢？

图 5-6 显示了在实验中选择不同卡片的人的百分比。大约有一半的人选择翻开标有 D 和 3 的卡片。翻开标有 D 的卡片可以直接检查纸牌背面是否是数字 3，而翻转标有 3 的卡片大概是为了检查卡片另一面是否有数字 D。

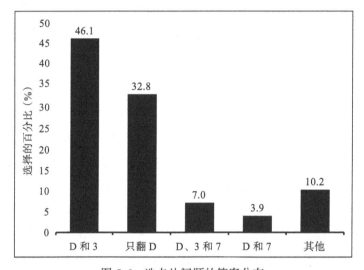

图 5-6　选卡片问题的答案分布

资料来源：Wason and Shapiro (1971).

但请再仔细看一下检查规则，它只要求如果卡片的一面是 D 的话，另一面一定要是 3，而不是反过来。参与者之所以翻开卡片数字 3，只是下意识地想要确认他们之前的信念，即卡片另外一边一定会是 D。

事实上，正确的检查方法是查看标记为 D 和 7 的卡片。如果你翻开带有数字 7 的卡片，后面显示的是字母 D，你就发现了与规则相悖的情形。但是，如图 5-6 所示，25 个人中只有 1 个人选择翻开带有字母 D 和数字 7 的卡片。

如果你还不明白为什么翻开带有字母 D 和数字 7 才是正确答案，让我们用不那么抽象的方式重复一下这个实验。假设你是一个调酒师，你必须确保在你的酒吧里没有未成年人在喝酒。你必须确认的规则是，如果某人年龄在 18 岁以下，这个人只能喝不含酒精的饮料。

当你环顾酒吧，看到了四个人。第一个人只有 16 岁（D），第二个人 30 岁（K），第三个人在喝不含酒精的饮料（3），第四个人在喝啤酒（7）。你应该检查哪几个人呢？在这种情况下，大多数人会立即检查 16 岁的人是否喝了含酒精的饮料（翻开卡片 D），并检查喝啤酒的人的年龄（翻开卡片 7）。

如果你在上面的抽象选择任务中没有选到正确的答案，不要难过。当我第一次做这个题的时候，也像大多数人一样选择把有字母 D 和数字 3 的卡片翻过来。这只是表明，大多数人很难注意到与他们的信念不一致或相矛盾的信息，我们需要一些积极的行动来抵消这种确认偏误。

因为很容易注意到与自己观点一致的信息，而忽视与自己观点相悖的信息，所以投资者就很容易犯类似本章开头所讨论的那种错误。他们只关注电脑和香烟的需求端消息，因为这些信息已经广泛存在于大家的日常讨论之中了。而在普通人视野之外的供应端消息则被大多数人忽略了。重要的是，在我看来，正是这种行为模式造成了增长股偏好的现象。

增长股偏好的成因

增长是大部分投资追求的基本目标之一。因此，许多投资者一直在寻找那些会随着时间的推移而增长的投资标的。一个公司的基本面价值是由公司未来的利润驱动的，这些利润增长得越快，公司的价值就越高。

那些有望会在未来以特别高的速度增长的行业因此吸引了投资者的大量关注，在这些行业中运营的公司的估值水平往往比其他行业的公司要高得多。当然，如果它们未来实现的增长速度与投资者今天预期的一样高，那估值就是合理的。

但在这里我们遇到了跟本章开头提到的微软一样的问题。投资者可能只会关注到对高增长行业的产品和服务的需求在快速增长，却忽视了影响供应的竞争力量。我们在第一章中已经看到，即使是专家也不擅长预测，即使是一年左右的短期预测。随着预测期限的扩大，误差也会随之增大。

对于高增长行业的公司，比如 IT 行业或者提供未经市场检验的新产品和新服务的公司，相关预测必须在未来几年乃至几十年后都保持准确，才能正确衡量公司的价值。

如果一家高增长的公司能够达到或超过市场对未来增长的预期，其股价当然会飙升。被称为"FAANG"（Facebook、苹果、亚马逊、奈飞、谷歌）的 5 家科技股龙头公司在过去的 10 年里就是这样，它们取得了极高的增长率，因此迅速成为世界上最有价值的公司。

在过去 10 年里，亚马逊的年均收益增长率为 30%，而同期美国标准普尔 500 指数的年均收益增长率仅为 11.6%。如果亚马逊能够保持这样惊人的增长速度，该公司的股票目前仍然是一项非常值得的投资。

但根据股票分析师的估计，亚马逊的长期平均利润增长率将可以达到每年 45%，这甚至远远高于该公司过去 10 年所实现的目标，大约是标准普尔 500 指数长期预期增长率的 5 倍。

尽管分析师的预测通常非常不可靠，但暂时让我们假设他们对亚马逊的预测是投资者对该公司未来增长的所能做出的最佳猜测。从商业模式的角度来说，我是亚马逊的铁杆粉丝，但基本的算术表明，随着公司变得更大，增长率必然会下降。如果一家公司的年收入为 100 万美元，第二年再增加 100 万美元，这是 100% 的增长率。但如果一家公司的年收入是 200 万美元，下一年增加 100 万美元，那就只有 50% 的增长率。预测亚马逊能够在未来几年以每年 45% 的速度增长，就需要对该公司所拥有的市场机会保持极大的乐观。该预测还隐含了另一个假设，那就是未来没有竞争对手能够从亚马逊手中夺取市场份额。历史的经验表明，这两种假设都是极不现实的。

因此，我可以很有把握地说，亚马逊不可能永远以每年 45% 的速度增长。无论是在一年还是十年之后，总有那么个时点，投资者将不得不下调自己的增长预期。当这种情况发生时，亚马逊的股价将迅速下跌，因为较低的预期盈利增长率意味着该公司的整体估值将大幅下降。

2000~2003 年的科技泡沫破裂表明，如果投资者对未来的增长有过于乐观的假设，但最终没有在市场上实现，科技股会下跌到什么程度。2000 年 2 月~2002 年 9 月期间，美国纳斯达克科技和其他成长型股票综合指数下跌了 75%。

安全边际的价值

可以将成长型股票的这种表现与价值型股票的情况进行对比。价值股往往能提供相对便宜的估值。这些低廉的估值可能是不同因素的结果，但最常见的情况是，公司或行业缺乏增长前景，或处于困境当中。投资者不清楚这些公司甚至行业未来是否能够继续存在，以及要如何做才能起死回生。因此投资者对这些公司的估值水平实际上包含了未来低增长或负增长的考虑。

其中的一些公司将无法幸存下去，最终会以破产结束。但绝大多数公司将会继续运营，它们的增长前景将会得到改善。届时投资者将会向上调整他们的预期，而公司的股价将会上涨。本章开头提到的奥驰亚公司的例子表明，只关注增长前景的投资者可能会错过供应方面的潜在变化，而这种变化可能会在未来给公司带来更高的利润率和更高的增长。

价值型股票的表现会优于成长型股票是有案可查的，并且可以在世界上几乎所有的股票市场中得到证明。图 5-7 显示了尤金·法玛和肯尼斯·弗伦奇对 1975~1995 年间 13 个股票市场的研究结果。除意大利外，价值型股票每年的表现要比成长型股票高出至少两个百分点。

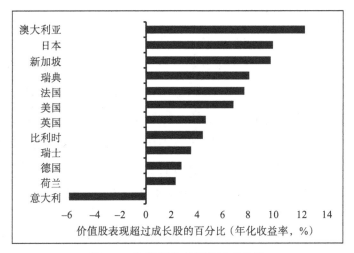

图 5-7　价值股的表现胜过成长股

资料来源：Fama and French (1998).

如果价值型股票的收益率能在 20 年的时间里保持比成长型股票高 2% 的水平，那么一篮子价值型股票的最终价值将是一篮子成长型股票的 1.5 倍。而在澳大利亚市场，收益率每年超出的幅度超过了 12%，20 年后的一篮子价值股的价值会比同等金额买入的一篮子成长股高 9 倍。因此，过于迷恋增长股的投资者其实少赚了一大笔钱。

经济增长和股票收益率的关系

另一个投资者过度关注增长率，忽视与他们信念相悖信息的例子体现在经济增长和股市收益率之间的关系上。我经常看到一些基金销售人员或基金经理鼓吹，我们应该多投资高增长经济体的股票，因为这些经济体的增长率比西方国家高得多。

这种观点通常认为，更高的经济增长会导致在这个市场运营的公司的销售增长更快，而这反过来应该会转化为更高的利润增长。关于这一论点，一个不言而喻的假设是，在这些高增长国家运营的企业可以将利润率保持在当前水平。

但如果一个经济体以非常快的速度增长,它将吸引来自世界各地的投资。除非一个国家不对外国投资者开放,否则这些新进入者将与市场上现有的公司竞争,而这种剧烈的竞争将压低利润率。尽管销售额迅速增长,但利润率的下降可能导致这些国家的公司出现较低的增长甚至负增长。

就像微软被计算机领域的新进入者抢走了市场份额一样,在快速增长的经济体中,国内老企业的市场份额也可能会被来自国内外的新进入者夺走。图 5-8 显示了经济增长(以实际人均 GDP 增长衡量)和以本国货币计价的股票市场的实际收益之间的关系。

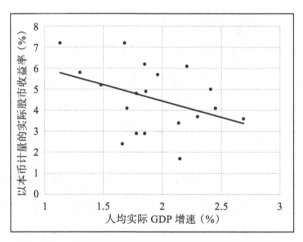

图 5-8　19 个发达经济体的经济增长和股市收益率

资料来源:Ritter (2012).

数据显示,平均而言,经济增长越快的国家股市收益率越低,而非越高。图 5-8 中显示的是基于全球 19 个发达经济体的大盘股公司的研究结论。我又以 22 个发达经济体和 22 个新兴经济体为样本进行了同样的研究,并同时使用了大型公司和小型公司的数据。这些研究结果都没有显示出经济增长与股市收益之间存在正相关关系。

要接触自己不赞同的观点

世界上最优秀的投资者有一种非凡的能力，能够将与本身投资理念相悖的观点和信念融入自己的投资过程中。例如，麦哲伦基金的传奇基金经理彼得·林奇是一个典型的成长型股票投资者，但他知道与高增长诱惑如影相随的是当前就要为尚未到来的未来增长付出过高成本的风险。

针对该问题，他开创了合理价格增长的概念。凭借该方法，林奇成功地将成长型投资与价值型投资结合在了一起。他在投资方面的巨大成功很好地说明了该方法的有效性。在管理麦哲伦基金的 13 年中，也就是从 1977 年到 1990 年，他取得了每年高出市场基准收益率 12.8% 的惊人业绩。

本章后面将向投资者展示解读图表的几种方法。图 5-9 显示了对全球电动汽车市场的增长预期。大多数投资者看完这张图表后都会惊呼："哇，我必须马上投资电动汽车和电池技术，绝不能错过从这种迅速的增长中获利的机会。"而当他们寻找这个领域的投资机会时，可能会看到像特斯拉这样的公司，它们目前主导着豪华电动汽车市场。

但是读完这一章后，你可能不仅考虑电动汽车的需求情况，还会思考一下供应方面的情况。特斯拉未来会继续主导豪华电动汽车市场吗？或者德国传统豪车制造商会进入这个市场，从而减少特斯拉的利润空间吗？2018 年，捷豹推出了 I-Pace 电动汽车；2019 年，奥迪推出了自己的 e-tron 车型，而梅赛德斯推出了 EQC 电动汽车。所有这些汽车都会直接与特斯拉争夺目标市场。

如果你看到图 5-9 的第一反应是想再了解一下供应的情况，那么恭喜你，你现在学会了同时考虑一个投资故事的两个方面，并且很有希望改善自己未来的投资业绩。

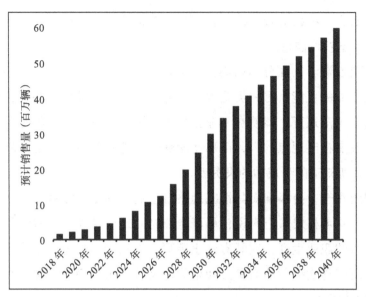

图 5-9　电动汽车预计销售量增长

资料来源：Bloomberg, New Energy Finance.

但是本章给出的例子仅仅是个开始。挑战自己的已有信念并不容易，需要不断地练习；就像肌肉一样，必须要通过不断地锻炼才能变得更强壮。你的下一个目标应该是运用自己的批判性思维。有两个重要的工具可以为你提供帮助。

改变自己的阅读习惯

大多数投资者只会从几个有限的渠道获得信息。他们可能会阅读一份金融报纸，比如《华尔街日报》或《金融时报》，偶尔还会看一些与投资相关的电视节目。年轻一代可能会从推特和博客上获得大量信息，而更老练的投资者可能会从券商和基金公司那里获取专业的研究报告。

但无论个人选择如何，大部分人的投资信息来源数量通常都是很有限的，可能有五个或更少。而且这些消息来源往往都持有类似的观点。

我经常遇到一些投资者（既有个人投资者也有专业投资人士），他们只从单一的渠道获取信息。

股票投资者往往分为两类：一类是永远的乐观主义者，他们只能看到股市上涨的可能；另一类是永远的悲观主义者，他们总是看到世界末日在每个角落逼近。即使在专业投资者中，也很难找到能够随着数据的变化而改变自己观点的人，而那些能够自由地在乐观悲观之间转换的人往往是我所知道的最成功的投资者。

问题在于，会根据实际情况调整自己观点的专业投资者不太可能成名。对于一名权威人士来说，尽可能长时间地坚持同一种看法往往可以带来更好的职业生涯。这既有助于撰写一篇精彩的报道，也能让自己成为财经新闻喜欢引用的对象。如果你总是从两个方面看问题，大家就会嘲笑你首鼠两端。

美国总统杜鲁门曾打趣道："能给我找一个只有一只手的经济学家吗？我所有的经济学家顾问都喜欢说，一方面如何，另一方面又如何⊖。"这种挫折感是可以理解的，但只能看到一个方面本身就是一种错误。

你可以将自己获取投资信息的习惯跟我的比较一下。当然，我能理解，作为一个专业投资者，我可以比大多数人投入更多的时间在投资上。

我会定期（通常每天一次）从彭博资讯获取最新的市场动态，然后在"SavvyInvestor"网站上阅读众多资产管理公司和券商发布的研究报告。我还会读一些订阅的电子邮件，内容通常是来自美联储论文网、国际货币基金组织、世界银行和国际清算银行的最新学术研究的摘要。CFA研究基金会定期为我提供一些免费的书籍和论文，这是一个非营利组织，我是该组织的董事会成员之一。我还会经常浏览"abnormalreturns.com"网站，塔达斯·维斯坎塔会在上面定期更新他收集的关于投资新见解的链接。他每次更新链接时，我都会循之阅读15个左右不同的免费投资博

⊖ 英语中"一方面"与"在一只手上"为同一词组，"另一方面"则与"在另一只手上"为同一词组。——译者注

客。除此之外，我还在推特上关注了一些在各大经济媒体工作的记者。

在本章的最后，我提供了一些我经常关注的免费投资博客的链接。其中一些很有名，拥有大量的追随者；另一些则只适合更挑剔的受众。你可能会发现不同作者的写作视角非常不同，从长期乐观到长期悲观的都有。而且，在很多时候，你会发现他们的观点有点不好形容。这么说吧，如果我完全同意他们的观点，那我们就都错了。但这正是我阅读这些论文、推特和博客的原因。如果我读的都是自己完全认同的东西，说明我还没弄明白兼听则明这个成语的真实含义。

我也明白，对于大多数非专业投资者来说，这份信息来源清单可能有点令人望而生畏。但不要绝望。就像上面提到过的，在做四张卡片的选择实验时，一开始我也是惨败而归。那时，我和大多数人一样也只有很少的投资信息来源。当了解过"确认偏误"陷阱之后，我才开始更积极地锻炼自己的批判性思维能力。

您将在我的资源列表中看到的东西，以及我在前面几段中所描述的那些观点，都是经过 20 年左右不断的实践和调整，只留下我认为有用的信息源的结果。我说这些不是为了恐吓你，只是想为你的旅程提供一个起点。

找个"魔鬼"当朋友

在生活中遇到困难的时候，每个人都想要一个可以依靠的好朋友。但在投资方面，大家更需要的可能是一个"魔鬼"式的朋友。这个"魔鬼"朋友会用让人难以回答的批判性问题来挑战你的投资信念，在最理想的情况下，他会尽自己的全力来证明你和你的投资想法是错误的。

对于个人投资者来说，这可能是一个投资理念和你不一样的朋友。例如，我自己坚信可持续投资，以及在投资过程中结合环境、社会和治理（ESG）标准是非常重要的，它们可以帮助我看到在一般的投资过程中容易忽略的风险。

但我的一些朋友和同事坚信 ESG 投资只不过是另一种炒作，将导致金融市场出现下一个大泡沫。虽然我非常不赞同这些观点，但与他们讨论这个话题有助于我审视自己的观点，而不是陷入以自我为中心的盲目乐观当中。

专业投资者也意识到了这个问题，他们经常以团队的形式来管理投资过程。这种方法的好处是，可以在投资决策中综合各种不同的意见和观点。但有时群体性思维可能会悄然而至，大家的想法会逐渐变得越来越相似，没有人会对主流观点提出严肃的挑战。

为了对抗群体性思维，一些投资团队设立了"魔鬼提问者"的角色。他们的工作就是挑战其他团队成员的观点，尤其是当大家的观点都大同小异时。这种方法可以用电影《僵尸世界大战》中的台词来最好地概括。在电影中，一种病毒造成了僵尸遍地的全球末日。唯一为这场灾难做好准备的国家是以色列。当布拉德·皮特饰演的英雄问耶路撒冷的保护者们，为何面对灾难他们总知道应该如何做的时候，他们的回答是："如果我们中有九个人根据相同的信息得出同样的结论，那么第十个人就有义务提出一个反对意见。无论这看起来多么不可能，第十个人都必须思考一个问题，如果其他九个人都错了会怎么样。"

投资与处理僵尸末日大不相同（至少大多数时候是这样），但预防灾难性结果的方法是一样的。但我想给诸位聪明人一个忠告，如果要在一个团队里分配一个魔鬼提问者的角色，最好不时地进行轮换。否则，总是唱反调的人很快就会变得很不受欢迎。

此外，如果每次都将魔鬼提问人的角色分配给同一个人，也会增加另一种形式的群体思维的机会。因为魔鬼代言人总是反对每一个人的想法，其他团队成员可能会自动地将他的论点视为无效意见。

■ 本章要点 ■

- 很多时候,投资者只能看到了诱人的增长前景,却忽略了调查故事另一面的必要性。如果预计公司或行业的需求将强劲增长,你应该调查一下供应将如何变化,反之亦然。
- 确认偏误,即我们只能注意到与自己原有观点一致的信息,而忽视与之相悖的信息的倾向,是对投资机会进行公正评估的主要障碍。从众性偏见会导致我们永远生活在意见一致者组成的回音室里。
- 确认偏误会导致市场对成长型股票的估值过于乐观,而对价值型股票的估值过于悲观。反过来,这也可以解释为什么价值型股票的长期表现优于其他股票。
- 减少确认偏误、全面了解一项投资的最好方法是扩大自己的信息渠道。要系统地收集各种不同来源的信息,尤其是与市场主流观点相反的信息。
- 对抗确认偏误的另一个工具是找一个魔鬼提问者,让他帮助找出自己投资理念中的漏洞。

| 第六章 |

借我一双慧眼吧

到目前为止,我们着重讨论的是专业投资者和个人投资者在自己投资的过程中易犯的错误,以及如何避免或克服这些错误。但本章我们要一起面对一个残酷的现实:包括我在内,我们既没有能力也没有时间去覆盖金融市场的所有投资领域。

即使是专业的基金经理也必须选择专注于某个领域,比如欧洲或新兴市场的股票,这样才有机会创造出比市场指数更好的业绩。在更神秘的另类投资领域,需要的专业化程度则更高。

几年前,我加入过一家专门从事另类投资的小公司,那是我作为一名专业投资者20年来最美好的一段时光。那时候上电视对我来说是家常便饭,我还加入了各种投资专家小组,侃侃而谈从瑞士房地产市场的趋势到Facebook公司最新收益报告的影响等各种话题。但我加入的这家公司主要活跃于另类投资方面,业务范围涵盖从结构性金融投资到金融科技行业的私募股权交易等多个领域。

突然间,我不得不尽自己所能去了解金融领域当中一些最为复杂的技术和问题,从贷款抵押债券的复杂结构应该如何设计,到基础贷款的利率是如何随着时间的推移而变化的。上面两个话题只是众多相关问题中的例子而已。随着时间的推移，我对一个全新投资领域的风险和机会变得熟悉起来，该领域非常迷人，但又非常复杂。

但无论我在这个领域工作了多久，我都没有狂妄到在全球金融市场的任何一个角落设立自己在该领域的基金。我自认是一个投资多面手，但我不相信自己能在这些复杂的领域获得卓越的表现。

如果我想参与某个高度专业化领域的投资，会选择依靠某个值得信任的相应领域的专家，而不是全凭自己摸索。不管是资金最小的个人投资者还是规模最大的捐赠基金和养老基金，要构建一个真正分散化的投资组合，总是需要在自己包办所有投资和将投资业务外包之间找到一个平衡。对个人投资者而言，这种投资业务外包会以购买基金的形式实现，而在机构投资那里则可能会以专户管理账户的形式出现。

聪明人在把自己的钱托付给其他人管理之前，当然要先确定对方是一个值得信赖的人。因此，投资者的首要任务就是找到一个不是骗子的基金经理。这听起来似乎很简单，但有历史记载以来，设法从毫无防备的投资者那里窃取大量资金的诈骗犯便层出不穷。从查尔斯·庞兹到伯纳德·麦道夫，各类骗术的传承一直延续到今天。但这是一本关于投资技巧的书，不是犯罪学教材，所以我选择把如何识别骗子的话题留给更了解这方面知识的人。

在这一章中，让我们集中讨论一下如何找到一个可以信赖的基金经理，让你支付给他的管理费用物超所值。

在流动性较好的常规金融市场中，比如股票市场或债券市场，投资者的选择基本可以归结为两类。一个选择是支付较低的费用购买一只会复制给定市场的指数基金，另一个选择是支付更高的费用给一个主动管理型基金经理和他的团队，希望他们能为你赚取超越市场指数的收益。在前一个选项中，物超所值通常意味着要以尽可能低的成本复制指数；在后一个选项中，物超所值的关键在于委托的基金管理者有比较大的概率获得优于指数收益的表现，并且要能覆盖他们收取的高额管理费用。

在另类投资和私募股权等流动性不那么好的投资领域，往往没有公认的指数基金来作为该市场的基准。在这些领域，通常很难界定管理费用的价值，因为这牵涉到判断基金经理获得的投资收益在考虑到投资者需要承担的投资风险之后是否仍然具有吸引力，或者他们是否有在投资组合中创造分散化收益的能力。

但是你可能已经猜到了，这也正是许多投资者容易犯错的另一个环节，严重危害着他们的财富。在本章中我将回顾一下，投资者在选择基金经理时最常犯的错误是什么。我还将提供一些提示，告诉你如何识别那些管理费用有可能物超所值的基金经理。

虽然我会将主要的笔墨花在共同基金的选择上，而且大多数结论都基于研究人员对股票型共同基金的观察结果，但本章提到的常见错误以及相关建议通常也适用于另类投资等其他领域。所以，如果你发现这一章主要关注的是股票基金，也不要急着给我写投诉信，请将它们看作主动管理型基金的一个代表。

花主动型基金的钱买被动型基金

很多投资者已经知道，在扣除相关费用后，大部分主动管理型基金的表现还不如其基准指数。图 6-1 显示了扣除费用后，投资于欧洲、美国和新兴市场股票的基金业绩表现优于基准的比例，所有收益率都是用 12 个月滚动数据计算的。

平均而言，如果考虑管理费用的话，在任何给定的 12 个月内只有约 2/5 的基金表现会超过基准指数。因为连续跑赢基准指数的可能性更小，所以在 3 年、5 年或 10 年的时间里跑赢基准指数的基金比例会很快趋近于零。

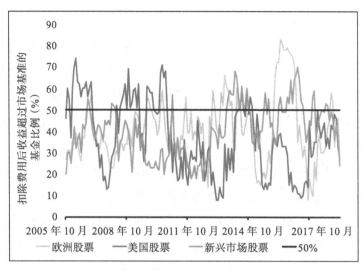

图 6-1　扣除费用后收益超过市场基准的基金比例

资料来源：Bloomberg.

我们面临的挑战就是，在这些基金中找出管理费用物超所值（即扣除费用后的表现优于基准）的少数赢家。我们在第二章中已经提到过，投资者经常错误地将基金过去的业绩视为其未来的可能表现，并倾向于投资那些在过去几年中表现优于基准的基金。

如果用来评估业绩的时间过短，这种方式选出来的基金可能无法延续其历史表现。在这种情况下，投资者成了短线主义倾向的受害者。但如果过去的业绩不是选择基金经理的良好标准，那么什么才是呢？

对于投资者来说，第一步应该是选出未来业绩优于基准的可能性较大的基金。这听起来似乎是显而易见的，但不幸的是，从这一步开始很多人就做错了。2016 年，欧洲证券和市场管理局（ESMA）分析了超过 2600 只注册地在欧洲的基金，这些基金管理的资产规模都在 5000 万欧元以上，每年收取的管理费率都不低于 0.65%。

这个费率水平接近典型的主动管理型基金的费率，这些基金也会把自己标榜为主动管理型基金来进行营销。为了测试这些基金到底有多"主动"，ESMA 调查了三个指标。

第一个指标是基金的主动份额，即基金创建的投资组合跟基准指数的差异程度。举例说明，如果 A 公司在股票指数中的权重是 5%，但在基金投资组合中的平均权重是 8%，那么该股票的主动份额将是 8% – 5% = 3%。

调查的第二项指标是跟踪误差，即基金业绩与其试图击败的指数的差距大小。最后，ESMA 还研究了基金业绩对指数收益率回归的 R^2，该指标代表了基金获得的收益率变化中可以用指数收益率解释的百分比。

根据上述指标，ESMA 将基金按照跟指数接近的程度进行了分组。最接近指数的那一组基金的主动份额小于 50%，跟踪误差小于 3%，R^2 大于 95%。换句话说，这些基金的投资组合中超过一半的成分与指数一模一样，基金的收益率与股票指数的收益率差别很小，而且其业绩表现中超过 95% 的变化可以用指数本身的收益率来解释。

ESMA 发现，其样本中有 5% 的基金符合这些标准。这些基金按照主动型基金的费率收取管理费，并声称自己是主动型基金，但即使是最善意的观察人士也不得不把它们归类为"隐性指数基金"。

如果把标准放宽一点，寻找那些主动份额小于 60%，跟踪误差小于 4% 的基金，那么会有 15% 的基金符合标准。这些基金都是隐性指数基金的候选对象，它们收取主动管理费用，但其投资组合跟基准指数过于相似，以至于考虑到管理费用的影响后，几乎没有机会跑赢基准指数。

为什么基金经理主动管理的程度在下降

作为衡量基金主动管理程度的指标，主动份额在最近几年才开始被广泛使用。纯粹的指数基金的主动份额一般低于 20%，而通常只有在一家基金的投资组合主动份额高于 60% 时，才会被分类为主动管理型基金。安迪·佩塔吉斯托和马基恩·克莱默思在 2009 年推荐了这个指标，我们将在稍后讨论投资者该如何使用该指标。

但值得注意的是，佩塔吉斯托在对美国股票共同基金的一项研究中发现，在20世纪80年代初的时候，几乎每只基金的主动份额都高于或等于60%。但到了2009年，主动份额保持在60%或以上的基金比例已经下降至一半以下。

你一定想知道，为什么几十年间美国共同基金的主动份额会减少近一半？在我看来，基金经理偷偷进行指数化运营的趋势是出于职业风险的考虑。

请把自己代入一个为投资者管理全球股票投资组合的基金经理角色。作为一个基金经理，你需要努力吸引投资者的目光，让他们信任你并将自己的钱交给你来管理。但在此之前，他们会评估你为投资者创造价值的能力。一个很好的方法是衡量一下你能获得的阿尔法（即经过系统风险修正后仍然高于基准指数的超额收益率）和贝塔（即基金相对于基准指数的风险大小）。

如果你展现出了持续稳定创造正阿尔法的能力，他们就会争先恐后地将钱交给你。但如果你的阿尔法值是负的，他们就会撤走所有处于你管理之下的资金。作为一名基金经理，你可以尝试下面几种方式来提高自己获得投资者青睐的机会。

你可以尝试定义一个容易超越的基准。如果你是一名股票基金经理，你可以声称你有能力在一段时间内实现正的绝对收益（即以0为基准），或者你可以声称你能够在剔除通胀因素后实现正的实际收益（即以通胀率为基准）。不幸的是，投资者并不愚蠢，他们知道，平均而言，股票本来就有明显高于通胀的正收益。因此，他们坚持要求你用一个有实际意义的基准来衡量自己的基金业绩，比如摩根士丹利公司的MSCI指数或富时公司的FTSE指数。

于是你被迫加入了一场军备竞赛。作为基金经理，你不得不被动地接受一个公认的市场基准作为自己业绩的衡量标准。但你还有一条捷径可以尝试。如果你以该市场基准的指数组合为基础构建自己的投资组合，再稍微配置一点小盘股和价值型股票，就有较大的机会在长期表现上超越基准，因为小盘股和价值型股票往往有更高的系统性风险收益。

如果你这么操作，那你实际上是在经营一只"聪明贝塔指数基金"。这是指数基金的一种，以主动管理型基金的名义，在指数组合的基础上系统性地配置与某种风险因子高度相关的股票，比如价值因子或动量因子。你的投资组合的主动份额可能在 20%~60% 之间，ESMA 的研究团队可能会把你管理的基金归类为隐性指数基金。

但你的投资者是一群非常聪明的人，他们能看出你越来越系统性地投资于小盘股和价值型股，并会指责你在"风格偏离"。也就是说在基金上市之后，你在慢慢偏离自己最初向投资者承诺的那个投资理念。如果你继续在没有投资者许可的情况下进行这种风格偏离，时间长了，他们就会开始从你的基金撤资。所以，你早晚得停止这种偷梁换柱的把戏。有一天，你遇到一个在对冲基金工作的朋友，决定一起去喝一杯。他告诉你，你可以试着多投资一些私人资产。私人资产的非流动性是一个优势，它们的价格不会每天波动。最重要的是，它们的业绩是用另一种贝塔系数来衡量的，那是一个与私募股权投资相关的、不同于交易所股票市场的风险敞口。

一个公开的失败案例

如果这一切对你来说太过抽象，我们来看看尼尔·伍德福德的案例，他是 2019 年英国最大的基金管理公司倒闭事件的核心人物。伍德福德在 20 世纪 90 年代成了明星基金经理，成功地为景顺资产管理公司运作了一只大型股票基金。2014 年，他离开景顺并创立了自己的基金。

已经凭借大盘股投资成名的他，轻而易举地就在几个月内为自己的新基金筹集了数十亿美元的资金。但许多投资者没有意识到的是，随着时间的推移，他悄悄地改变了自己的投资风格。以投资大盘股成名的他，越来越多地投资于小盘股，后来又投资于未上市的非流通性股票。

2019 年，他的投资组合中超过 80% 的资金配置在了小盘股和私募股权投资上。伍德福德的基金表现一直逊于他为自己设定的大盘股指数基准，因此越来越多的投资者选择撤资。但由于他的大部分资产现在都由流动性较差的股票组成，很难迅速出售，他的基金遭遇了流动性困难。

2019 年春天，监管机构命令他停止自己的基金运作并允许投资者自由赎回，基金实质上进入了有序清盘阶段。尼尔·伍德福德基本上沿着我刚才描述的那条路线走了一遍，但投资者一开始没有注意到这一点，等他们醒悟过来已经为时已晚。最终伍德福德积累多年的声誉毁于一旦，许多投资者也只拿到了一些难以在市场上变现的资产。

投资者赔钱的另一种方式

也许你会认为，如果尼尔·伍德福德像许多正常基金经理那样操作，他可能不会走到现在这个地步。如果换你做基金经理的话，你不会玩策略漂移的把戏，不会偷偷将流动性资产替换成收益率更高的非流动性资产，而是会选择用堂堂正正的方式创造正阿尔法。也就是说，通过真实履行你对投资者的承诺，挑出那些表现优于市场的股票。

也许一开始你有足够的信心认为自己一定可以做到，但你迟早也会意识到自己还有一个习惯了某种生活方式的家庭要供养。你必须挣钱来购买生活必需品或者还房贷，为此你必须努力不丢掉工作。

你知道表现比基准差太多会让自己丢掉工作，因为这会导致投资者从你管理的基金中撤资。过去，你会对自己的投资组合进行一定的风险管理。这意味着你会进行一定程度的对冲，相当于在市场整体表现正常时支出一定的保费，以降低在市场萎靡的时候遭受损失的程度。毕竟投资者付钱给你是为了赚钱，而不是赔钱。但一旦进入现实，看到投资者的真实反应，你就会发现改变操作的想法变得非常诱人。

比如，在上一次熊市中，你发现当市场基准下跌了20%，而自己管理的投资组合下跌幅度只有15%时，投资者并不会写信感谢你。而在市场复苏期间，其他人的投资组合3年上涨了10%，而同期基准指数上涨了15%，也没有人因此撤资，即使他的阿尔法是负的。你从中可以得到什么教训？

你可能会决定不再只专注于控制投资风险，而将目标更改为控制自己对指数的跟踪误差，降低自己偏离基准指数的程度。这样即使在行情不好的时候，你的表现也不会比基准差太多，不会让投资者感到紧张而开始撤资。当然，通过降低承担的风险量，你也限制了自己在好年份超越基准的能力。但没有人会因为你的业绩比基准指数只高了2%而不是5%而解雇你。

较低的跟踪误差对投资业绩的影响

图6-2显示了偷偷将目标更改为控制跟踪误差这件事对基金经理职业风险的影响。该图显示了一个有经验的基金经理，分别管理一个跟踪误差为6%的基金（实线）和一个跟踪误差为3%的基金（虚线）时，表现优异或表现不好的95%置信区间。

从图中可以看到，将跟踪误差减少一半之后，表现比基准指数差很多的可能性也减少了一半。在时间区间为一年时，95%置信区间的下限从−8.8%提高到−4.4%。这可能就会决定你是保住了工作还是被炒鱿鱼，因为在任何一年的亏损高于5%都可能会引来投资者的恐慌和老板的愤怒。将基金亏损幅度保持在大家的心理点位（如5%或10%）以下非常重要。

图6-2还显示了控制跟踪误差的决定给投资者带来的成本。在降低亏损可能的同时，业绩高于基准指数的潜力也减少了一半。从年化收益率来看，95%置信区间的上限从能超出基准指数14.8%下降到只超出基

准指数 8.4%。而从 10 年期收益率看，从能超出基准指数 66% 下降到了只超出基准指数 33.6%。这些数字都是在扣除相关费用之前计算的。

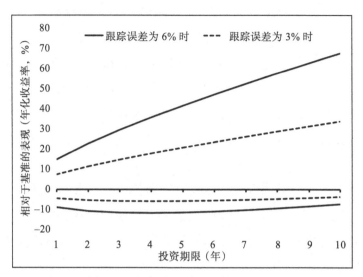

图 6-2　跟踪误差对基金表现的影响

资料来源：Klement (2015).

但是，只要你不介意失去为投资者增加价值的机会，这种限制职业风险的方法是非常有效的。只要你有能力创造出正的阿尔法，你的基金业绩在表面上看起来就还算漂亮，并且可以在大多数年份创造出高于基准指数的业绩。你的老板会很高兴，因为你没有失去客户；你也很高兴，因为你能继续按月领到工资。唯一受损的是将钱交给你打理的投资者，因为如果你愿意接受更高的跟踪误差，他们本来是有机会得到更高的投资收益的。

激励很重要

精明的读者马上会问，我们如何才能知道，基金经理在管理投资组合时，的确出于职业风险考虑人为降低了跟踪误差呢？测试这一点的一种方法是比较一下不同所有权结构的基金，看它们的跟踪误差和主动份额是否有所不同。

如果一个基金经理在基金管理公司没有股份，仅仅是一个雇员而已，那么可以做合理怀疑，认为他可能更有动机主动降低跟踪误差和主动份额。这是因为，仅作为员工的基金经理从所管理资产不断上涨所带来的潜在收益中受益较少，但如果基金表现不佳，却要承担被炒鱿鱼的风险。

另外，在一家由基金经理或员工持有大量股权的基金公司中，激励结构要对称得多，员工承担着失业的风险，但也能从管理资产的增值中获益。

在来自富朋公司和爱菲尼蒂投资管理公司的同事的帮助下，我研究了全球 1471 只股票基金的数据。将这些基金按所有权分类后，可以发现员工持股比例为零的基金母公司管理的基金，平均主动份额比员工持股较多的基金低了 5 个百分点。

也许这些基金经理一开始没有打算有意识地减少其基金的主动份额或跟踪误差，但他们面临的激励结构会推动他们向一个或另一个方向发展。

但为什么要在乎主动份额或跟踪误差的问题呢？毕竟，投资者想从基金经理那里得到的是在不承担过度风险的情况下获得尽可能高的收益。减少跟踪误差和主动份额至少可以大大降低投资表现低于给定基准的风险。

在这里我不想深入讨论是否应该将收益率是否高于一个武断的基准指数作为业绩的衡量标准这个问题（我的答案是不应该）。我们应当将重点放在这样一个事实上：主动型基金经理的主要工作应该是识别出有吸引力的个股，并利用他们的创造力和专业知识，产生不受基准指数波动影响的高收益。

这也是主动型基金经理收取更高费用并得到更高报酬的原因。如果投资者只希望获得与整体市场指数差不多的收益，他们显然更应该投资于管理费用更低的指数基金或交易所交易基金。

员工持股的基金表现更好

看起来合适的激励对基金的业绩高低非常重要。图 6-3 取自我以前做的有关全球股票基金的表现跟基金所有权结构关系的研究,展示了员工持股比例不同的基金的业绩差异,所有数值都相对基金行业的平均业绩进行了调整。

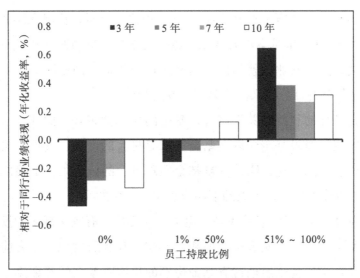

图 6-3 员工持股的基金表现更好

资料来源:Alphinity, Fidante Partners.

从图中可以看到,员工持股比例较高的基金公司,运营业绩优于没有员工持股的基金公司。这两组基金公司投资收益率的差异,平均每年在 0.5%~0.7% 左右,几乎相当于主动基金每年收取的管理费水平。

研究显示,基金经理和其他雇员持股的基金公司主动交易的程度更高,因此更有可能表现出优于同行的业绩。到目前为止,已经有一长串的论文研究了基金经理用自有财产参投的基金的表现情况,结论基本一致。

艾利森·埃文斯在她 2008 年的博士论文中研究了货币基金经理投资于自己管理的基金的资金数量的影响。她发现,把更多的钱投资在自己基金上的基金经理在税前和税后都有更好的投资表现。

她还发现基金经理自有资金投资较多的基金往往也有较低的周转率，因而花费了较低的交易成本。遗憾的是，基金经理的投资水平与流入基金的资金总量之间没有关系。换句话说，基金经理自己投资较高的基金往往表现更好，但投资者没有意识到这一事实，并没有投入更多的资金来参与这样的基金。

马琳琳和唐月华在 2019 年发表的一篇论文显示，情况在埃文斯的研究发表后的 10 年里基本没有变化。她们也发现，货币基金经理对自己的基金投资越多，其业绩就越好。基金经理的基金份额是以美元数额还是占基金总资产的百分比来衡量都不会改变结论。

基金经理的利益相关性越高，基金的表现就越好。此外，这项最新的研究发现，如果基金经理在基金中持有更大的份额，其投资组合的风险往往也会下降。这证明，一旦基金经理自己的钱也处于危险之中，他们就不太可能做出赌性太大的下注或承担不必要的风险。

但在过去 10 年中似乎还是发生了一些变化，有越来越多的投资者意识到了基金所有权对基金业绩的积极影响。马和唐发现，与之前研究的不同之处在于，基金经理持有基金份额的比例对基金的资金流入有显著的积极影响。

小型基金的表现也更好

虽然也有例外，但根据我的经验，由基金经理和员工拥有较大份额的基金和资产管理公司往往规模较小。这是有道理的，因为大型资产管理公司往往是公开上市的，公司的员工只能持有少量的股份。

对于一些大型基金管理公司来说，基金经理的持股比例往往接近于零，形成了我们前面讨论过的激励错位。这些大型基金公司常常辩称，与小型精品基金公司相比，它们拥有明显的优势，因为它们可以利用大量资源来搜寻新的投资机会。

一家只有5名或更少员工的小型基金公司，无法做到像一家拥有数百名分析师的大型基金公司那样，研究对象覆盖数千只股票。此外，大型公司往往拥有全球业务，这意味着它们可能拥有会说普通话的中国分析师，他们对中国企业财务报表的分析能力远超只会说英语的美国分析师。

大型资产管理公司也有更多的资金来聘请最有经验，想必也是最好的基金经理。另一方面，小型基金通常只能聘请一两个经验丰富的基金经理，再找一些年轻而缺乏经验的分析师组成支持团队，因为这些年轻的分析师价格更便宜。

如果走进某个大型基金公司的营销现场，你通常会看到一张遍布全球各地的业务分布图，和一些令人印象深刻的统计数据。一家大型基金公司可能会自豪地宣称，他们在全球拥有15名优秀的基金经理和172名经验丰富的分析师，基金管理团队总计拥有3768年的金融市场经验。

在职业生涯之初，我曾被这些数据所震撼。但现在我只会选择无视它们。首先，如果你有10名分析师和投资组合经理，每人都有10年的从业经验，这并不意味着他们加起来就有100年的投资经验。我认为他们总共也只有10年的经验，因为每个在基金工作的人在过去10年里基本上经历的都是相同的经验。

如果上一次全球经济衰退的发生已经过去了10年以上，这意味着在刚才那家基金工作的员工在他们的职业生涯中都从未经历过经济衰退。这正是我真正担心的事情。其次，这些大型基金管理公司从未拿出任何证据证明，它们在全球范围内拥有的众多分析师能保证其基金获得更好的业绩表现。通常情况下，他们不这么做的原因很可能是他们根本做不到。

图6-4显示了我上面分析过的1471只全球股票基金的表现，但这一次，我根据每只基金的分析师和投资组合经理的数量来对这些基金的表现进行了排序。记住，这些基金的投资范围涵盖了从大盘股到小盘股的

全球股票，因此至少有几千种股票有待分析师们了解和分析。因此，一个只有5个员工或更小团队的小型精品基金公司相对于大型基金公司应该处于明显的劣势。

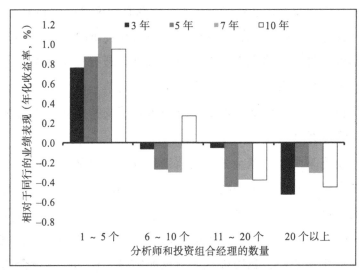

图6-4 小型精品基金公司的优势

资料来源：Alphinity, Fidante Partners.

结果却恰恰相反，小型精品基金的表现远胜于规模较大的竞争对手。如果我们将拥有5位或以下投资组合经理的基金的平均业绩与拥有20位以上投资组合经理的基金的平均业绩进行比较，那么规模较小的基金的平均年业绩每年要高出1.1%～1.3%。考虑到一个主动管理的股票基金的管理费通常在每年0.5%～1.5%之间，这几乎就相当于投资规模较小的精品基金是免费的，因为其平均表现超过大型基金的金额与平均管理费用大致相等。

一则20世纪60年代的广告可以解释为何小型基金更好

小公司的基金比大公司的基金表现更好的原因有很多。一个更好的激励结构是其中之一,但没有什么比汽车租赁公司的广告更能体现小而精的基金公司的真正优势所在了。

20世纪60年代初,美国的汽车租赁市场由赫兹公司主导,安飞士公司屈居第二。安飞士的管理层希望能让顾客相信他们能提供比赫兹公司更好的服务。

在许多国家,广告不能有偏见地将一家公司的产品与另一家公司的产品进行比较。尽管你可能认为自己的产品比竞争对手的好,但如果在广告中宣称竞争对手的产品是垃圾,就会违反法律。但市场领先者只需要如实展示自己在销量上的领先地位,就可以让客户自行脑补这是因为它们拥有最好的产品。不然为什么会有这么多人买它们的东西呢?规模较小的竞争对手则无法做到这一点。它们应该暗示自己的产品仅仅是第二好的吗?

2019年,丹麦酿造公司嘉士伯推出了新配方的啤酒,并明确表示它过去酿造的啤酒可能并不是世界上最好的。但只有当能从根本上改变自己的产品时,这种残酷的诚实才能奏效。在20世纪60年代,这种残酷的诚实是闻所未闻的,而且汽车租赁就像基金管理一样,不可能彻底改变配方。

安飞士做了一件之前没人做过的事。1962年,它发起了"我们更努力"运动,诚实地接受了它作为落后者的地位,并简要说明了为什么这能让它更好地为客户服务。以下它的一则广告,摘自一本畅销书籍《奥格威谈广告》:

> "当你只是第二名的时候,你需要加倍努力。否则你就完了。
> 小鱼必须时刻保持移动,因为大鱼们总是会找它的麻烦。安飞士知道小鱼可能会遇到的所有问题。我们在租车行业排名第二,如果我们不努力,我们就会被吞并。但正因为我们不是大鱼,当你来到我们的柜台时,你不会觉得自己像一条沙丁鱼。因为我们没有挤满无处落脚的顾客。"

如今，精品基金管理公司几乎可以一字不差地复制这则广告。由于近年来席卷资管行业的整合浪潮，规模较小的基金管理公司不断面临着被拥有人力和资金的大型资产管理公司吞并的风险。

要想作为独立企业生存下去，它们必须更加努力，并且比那些规模比它们大的企业更灵活。而对于客户来说，这还带来了一个额外的好处：他们往往可以得到小型基金管理公司更热情的对待，因为这些公司没有那么多的客户。因此与大型基金公司相比，小型基金公司的客户往往更容易接触到管理他们资金的基金经理。

相关研究表明，在几乎所有的资产类别中，小型基金和小型基金公司的表现都优于大型基金公司。你可能想知道这些大公司整天都在做什么，因为它们额外占据的资源似乎并没有转化为更好的投资业绩。

只要你参加几次大型基金管理公司的营销活动，就会明白这些额外的资源都被花费在了吸引新投资者上面。从2000年到2016年，伦纳德·科斯托维茨基和阿尔贝托·曼科尼调查了超过1.6万名在美国注册的投资顾问。他们的研究结论证实了本章已经讨论过的几个发现。

拥有更多雇员的基金公司运营的投资组合具有更低的主动份额和更低的跟踪误差，它们的收益率也更低。与低收益率相关性更高的变量是基金公司拥有的客户数量。随着客户数量的增加，收益率会明显下降。

随着基金管理公司员工数量的增加，只有一个指标得到了改善：资产规模。更大的公司可以负担得起更大的销售队伍，可以派更多的分析师和投资组合经理进行市场推广，以说服更多的投资者交出他们的资金。投资组合经理的主要活动不是创造业绩，而是资金收集和营销。

从基金公司的角度来看，这正是它们应该做的，因为吸引更多的资金投资于公司的基金，就会产生更多的管理费用收入，从而为公司带来更多的利润。当然，糟糕的业绩会导致资金外流，所以重要的是要确保基金的业绩永远不会差到导致客户大量流失的地步。这可以通过减少基金投资组合的主动份额和降低跟踪误差来实现。我们又回到了起点。正面朝上，基金获胜；反面朝上，投资者就输了。

在大多数资产类别中，大型基金表现不佳的趋势都是普遍存在的。但我必须提到的一个明显的例外，那就是对冲基金。对冲基金界似乎遵循不一样的规律，即拥有更多员工的大型对冲基金往往比小型对冲基金有更好的业绩。

科斯托维茨基和曼科尼调查了对冲基金的表现与规模的关系，发现对冲基金的顾问数量与其业绩之间存在正相关关系。与共同基金不同，对冲基金不必公开披露其业绩。因此，那些披露业绩的对冲基金，以及那些构成对冲基金指数的成分基金，往往是那些打算向新投资者开放的基金。

有一些大型对冲基金不向新投资者开放，也无意筹集额外资金，它们往往不会公布自己的业绩，尽管它们往往有着非常令人印象深刻的长期业绩记录。这个选择导致市场上能找到财务报告的对冲基金的收益分布是有偏差的，其中最大的对冲基金往往有最好的表现，但这些业绩之前没有被公开披露过。

丹尼尔·埃德尔曼、冯国纶和大卫·谢的研究指出，那些拒绝公布业绩的大型对冲基金具有明显的独特性，使它们有别于其他报告业绩的对冲基金。我们还需要大量的工作来调查这一现象，但似乎大型对冲基金公司是本章所述规则的例外。不幸的是，由于这些大型对冲基金通常不对新投资者开放，你可能没有什么办法通过这个发现来获利。

如何挑出未来投资业绩高的基金

判断哪些基金会在未来有出色表现是一项非常艰巨的任务，有证据显示这比选股票还难。根据世界交易所联合会的统计，全球共有 8 万多只共同基金，而公开上市的股票总数只有 5 万只左右。寻找有价值的基金就像大海捞针。

很遗憾，我不能提供一种万无一失的方法，保证大家能识别出优秀的基金经理或好的基金。但至少你可以先根据我们前面的分析，尝试投资那些管理费可能物超所值的基金，来提高你的获利机会。在购买主动管理型基金的时候，要避开那些隐性指数基金。你可以先从分析主动份额开始，再逐渐学习其他的鉴别技巧。

图 6-5 显示了安迪·佩塔吉斯托的论文中提供的美国共同基金主动份额与获取阿尔法能力的关系。图中显示，从长期来看，表现最好的是那些主动份额最高的基金。在 2013 年第一次读到他们的论文之后，我才明白了这一点。

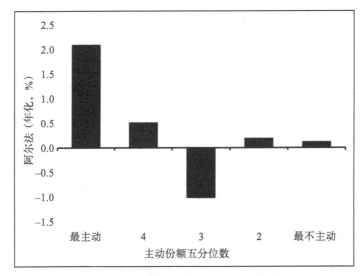

图 6-5　主动份额高的基金经理表现更好

资料来源：Petajisto (2013).

无可否认，我接触主动份额的概念已经有点晚了。佩塔吉斯托和克雷默斯最早在 2009 年就发表过一项关于主动份额的学术研究，但我是在 2013 年读了佩塔吉斯托在《金融分析师杂志》上发表的一篇为业界人士撰写的文章后才知道这个概念的。

这个时机非常偶然，当时正好有一位投资者请我帮他挑选一只投资对象为美国股票的基金。这位投资者对他手头的基金不太满意，该基金在 2008～2009 年的金融危机中让他亏了很多钱，此后的业绩恢复也过于缓慢。在发现基金的表现远远落后于基准指数之后，这位投资者决定在自己的投资组合中替换掉这家基金。

当时我正在瑞士做投资顾问，不久前刚刚读过那篇关于主动份额的文章，所以我决定尝试一下该指标。可供选择的基金名单很长，所以按照标准做法，我们会依靠一些常见的指标来进行筛选，比如在过去一个商业周期中的表现、相对于收益的风险大小和收益率的稳定性等。在多轮筛选过后，名单里的基金还剩下十几家，它们都有良好的业绩记录，合理的投资流程，并获得过一系列的奖项和市场赞誉。

为了简化，我在图 6-6 中展示了名单中最好的两只主动管理型基金以及一只用于比较的跟踪标准普尔 500 指数的交易所交易基金的业绩表现。这些基金中最年轻的那只是 2007 年年底成立的，所以我们比较了这些基金自 2008 年年初以来的表现，以了解它们在金融危机期间以及之后的复苏过程中的表现。

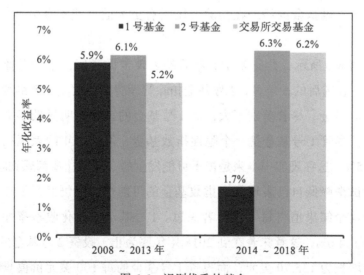

图 6-6　识别优秀的基金

资料来源：Bloomberg.

可以看到，这两只基金的表现都相当出色，在扣除相关费用后的收益率都超过了交易所交易基金。它们也有类似的风险结构，在金融危机期间的表现也差不多。从各传统测量指标如跟踪误差的角度来分析，它们之间也非常相似。1号基金来自一家拥有众多子基金和广泛全球业务的知名大型基金管理公司，而2号基金来自一家中型基金管理公司（可能算不上是一家小型精品基金公司）。

从选择基金时使用的传统衡量标准来看，这两只基金之间的差距很小，所以最后的比较可能要比拼管理费用大小。1号基金的年管理费率为0.69%，2号基金为0.8%。要据此做出选择吗？

但作为一个书呆子，我决定把自己从文章中学到的想法付诸行动。我计算了两家基金的主动份额，1号基金的主动份额为38.5%，2号基金则为74%。可以看到，管理2号基金的经理主动选股的操作更多，而1号基金的经理更加紧盯基准指数（在这个例子中是标准普尔500指数）。因为2号基金的费用比1号基金高不了多少，所以我们决定投资2号基金。因为2号基金的经理在扣除费用后有更大的可能跑赢标准普尔500指数。

如图6-6所示，两家基金5年后的表现告诉我们，这个选择是多么的幸运。在随后的5年里，2号基金扣除管理费用后的收益率继续优于交易所交易基金，尽管差别不大；而1号基金的表现则明显低于交易所交易基金。尽管1号基金是一个隐性指数基金，但它每年的表现相比指数差了4.5%。这在现实中本来是极不可能发生的，甚至让我都感到吃惊。1号基金试图降低自己表现低于指数基金的可能性，但仍遭遇了灾难性的亏损，这个结果值得每个投资者深思。1号基金的年化收益率相比2号基金差了4.6%，这意味着在到2018年年底为止，投资2号基金的每100美元会增长为135.70美元，而投资1号基金的每100美元价值只能增长为108.60美元。

主动份额也不是万能的

这个例子还提醒了我们一件事，那就是根据高主动份额选出的基金，实际获得的业绩并不一定会优于低主动份额的基金。高主动份额只是意味着，如果市场表现符合预期，基金经理有获得较高超额收益的可能性，但市场并不总是会青睐主动型基金经理。

在2008年这样的股市崩盘行情中，投资者会无差别地抛售任何股票，不会去考虑股票本身的质地。不加选择地卖出意味着即使是好股票也会被卖出，在这种情况下，基金经理掌握的技巧再多也无法创造出比指数基金或隐性指数基金更好的业绩。

同样，在2009～2011年的快速复苏行情中，不同股票之间的差异也不大。所有的股票都会在同一时间上涨，涨幅大致相同。在这种环境下，主动管理型基金经理同样无法带来太多额外的价值。

主动管理型基金经理需要的是一个两极分化的市场环境，即在一部分股票上涨的同时，其他股票在盘整或下跌。安娜·冯·莱布尼茨的一项研究表明，当股票间的业绩分化度较低时，最活跃和最不活跃的基金经理之间的收益差异可以忽略不计。

主动份额指标只能在市场表现高度分化的环境中起作用。例如，在2011年年中、2015年年底以及2018年年底等时间段，拥有高主动份额的基金的表现远远好于其他基金。对投资者来说，这意味着无法预测一只主动程度高的基金何时会跑赢大盘。因为市场分化的出现是不可预测的，即使出现也可能只持续几个月。正是市场中断断续续出现的多个业绩分化时期的累积效应导致了高主动程度基金的优异表现。最后，投资者需要长时间持有那些主动份额高的基金，让基金经理有时间发挥其能力并超越市场基准，才能从基金的长期表现中获益。

小型、主动型、员工持股的基金

我现在选择基金的方式已经与十年前大不相同了。正如我在本章中所分析的那样，在购买基金之前你得先弄明白自己到底要买什么。如果你想买的是大基金花哨绚丽的营销排场和万众瞩目的媒体热度，那么你可以选择大品牌基金旗下的明星产品，让你可以在打高尔夫球时向自己的朋友炫耀。但是，如果你想要的是一只有较大概率能跑赢大盘的基金，或者想以更低的成本拥有一只真正的指数基金，你就应该做出不同的选择。

我现在喜欢寻找那些主动份额高的小型精品基金。这些小型基金经常被银行和投资顾问所忽视，后者习惯于只关注大型基金，因为只有大型基金才能有足够的体量被同时推荐给大量的客户，所以如果你去找银行的客户经理推荐基金，通常只会得到大公司和大基金的名单。但正如我们在本章中看到的，这些基金并不总是把投资者的利益最大化放在心上。

小而精的基金无法被推荐给那些大的机构投资者，或者大量的个人投资者，因为过多的资金会让这些小型基金难以吸纳。此外，如果银行客户经理或投资顾问推荐一个没人听说过且表现不佳的小型基金，那么他们就有被客户炒掉的风险。

就像他们说的：" 没有人会因为推荐 IBM 的股票而被炒鱿鱼。" 推荐知名品牌永远不会受到业绩不佳的困扰，因为到那个时候他们有一个天然的替罪羊：" 谁能想到这么厉害的基金公司也会把事情搞得这么糟呢？"

幸运的是，专业投资者现在拥有一套越来越强大的工具来识别出这些主动份额高的小型精品基金。像 " eVestment " 等专业数据分析公司现在会提供关于基金的大量指标，包括主动份额和基金的所有权结构等。

这也允许专业投资者选择那些对基金经理有适当激励结构的基金。要选择那些"吃自己做的菜"的基金经理，也就是说他们应该要么成为自己所在基金的股东，要么把个人财富的相当一部分投资于自己的基金。

对于个人投资者来说，任务无疑更加艰巨。由于难以享受专业数据公司的服务，他们不得不依赖来自基金公司或晨星等基金评级机构提供的公开信息。这些基金评级机构不会披露主动份额等关键指标，一般也不会披露基金管理公司的所有权结构。虽然也有越来越多的网站和服务商试图发布这方面的信息，但到目前为止渠道相当有限，信息也不够全面。

散户投资者也不必绝望，应牢记安飞士公司的口号"我们只能更努力"。就像上面分析过的，小型基金公司的客户较少，所以他们的办公室往往会提供更个性化的服务。

散户投资者可以试着拿起电话，主动联系这些小型基金公司，要求他们提供自己基金的主动份额数据，以及基金经理的激励结构，并据此判断小型基金管理公司的服务水平。

如果这家公司反应迅速，并向你这个潜在客户提供完全透明的信息，这就表明该公司能够提供良好的服务。如果这家公司因为你不是机构投资者而回避或忽视你的要求，那你最好还是试试其他地方。如果它们不需要你，你也不需要他们。记住，这个世界上的基金数量比股票还要多。

■ 本章要点 ■

- 没有人能精通金融市场的所有领域，我们都必须将部分投资决策委托给专业机构。

- 找到物超所值的基金管理者是非常困难的，因为价值对不同的人意味着不同的东西。在大多数情况下，选择成本最低的指数基金应该是投资者的首选。在此基础上，也可以尝试找出那些有机会跑赢基准指数的主动管理型基金。

- 要增加自己所选基金跑赢基准的概率，最重要的是要避开那些主动交易程度低但管理费用高的"隐性指数基金"。主动份额是一个很好的鉴别指标。
- 通常情况下，基金经理有动机构建一个主动份额较低的投资组合，以降低因为业绩大大低于基准而失去工作的风险。
- 除了主动份额指标，投资者还可以从小型精品基金里面去搜寻，找出那些有动机追求更高收益率的基金经理和基金公司。满足这一条件的通常是那些将大量个人财富投资于自己基金的基金经理，或者基金经理和其他员工持有大量股份的基金公司。

| 第七章 |

在复杂的世界中冒险

在开始本章内容前我要给各位读者打个预防针。接下来我们要进入的是目前尚处在发展之中的金融研究前沿领域,很多观点通常会被委婉地称为"非正统"。本章要介绍的理论与对金融市场运作方式的常见认知有相悖之处,目前还不是学术界或业界的主流看法,或者我大胆一点地评价,属于"备选主流"。

但在我看来,这些研究提供了许多有趣且有用的见解。尽管有时似乎与投资领域的传统智慧相矛盾,但仍然值得投资者仔细思考。如果你认为没成为主流的观点不值得关注,我建议你回到第五章,看看那些忽视故事另一面的投资者会遭遇什么。

现在请你秉持尊重与自己现有信念相矛盾的观点的精神,跟我一起开始这一段旅程,去看看有关市场的结构性破坏、泡沫和崩溃的一些全新看法。在旅程结束时,我希望能说服你们,改变预测和投资的方式是有必要的。

为什么德尔菲神庙没能拥有全世界

公元前二世纪,帕加蒙的阿塔利德国王向德尔菲神庙捐赠了大笔金钱。

他还在神庙前的场地上树立了几尊雕像,一方面为了提高自己在希腊和地中海人民中的声望,另一方面也为了展示他为了公共利益而慷慨捐赠的美德。

德尔菲神庙被认为是古希腊世界最重要的神庙,里面供奉着知识、和谐与光明之神阿波罗。在古希腊时期,神庙每年会吸引来自希腊各城邦乃至世界各地的大量信徒。只要他们上缴一定数量的捐赠,就可以求取一份德尔菲神谕,用以指点自己的生活或事业中遇到的难题。这些神谕可以应用于几乎所有的情景,并因其难以解读而闻名于世,但这也增加了它们的神秘感,当时的人们对其趋之若鹜。

用现代金融术语来解释,对德尔菲神庙的捐赠形成了一个捐赠基金,管理这些捐赠的目的是支撑神庙的运营,并为信徒提供宗教方面的服务。据经济历史学家荷马和西拉分析,捐赠基金的主要收入来源是发放贷款,这些贷款会以 6.67% 的年利率借给一些"安全的借款人"。

如果德尔菲神庙在 2000 年前获得了 1 克白银的初始捐赠,然后以 6.67% 的年利率将其放贷到今天,并顺利收回每一笔借款,余款将会累积成一笔惊人的数字。实际上它应该等于今天的银价(2.14 美元)乘以 10^{62}(1 后面接 62 个 0)。

相比之下,太阳中的原子数量要比它少一万倍。当然,目前世界上最大的机构投资者并不是德尔菲神庙,它早已不复存在,被人遗忘。这个故事的寓意应该是显而易见的:曾经奏效的东西,将来可能会或突然或缓慢地失效。不能适应市场变化的投资者只能看到自己的财富缩水,甚至破产。

外汇市场的机制变化

财富的大量缩水通常是由战争和灾难引发的。以德尔菲神庙为例,古希腊的衰落和毁灭是其巨额财富消失的原因。希腊首先被罗马帝国占领,后者后来皈依了基督教。随后希腊又成了奥斯曼帝国的领土,最后又重新回到基督教的统治之下。

作为一个古代机构投资者，在这么剧烈的变化中遭遇一点财产损失是可以理解的。想要持续运营，得先将阿波罗神庙改名为基督大教堂，然后再改名德尔菲清真寺，最后又得重新改回为基督大教堂，这真的很麻烦。而如果真的这么干了，一段时间之后，信徒们可能会认为你是个机会主义者，就不会再眷顾你的生意了。

但在今天的金融市场中，更潜移默化的机制变化一直都在发生。图 7-1 给出了一个这样的例子，它展示了货币市场中简单利差交易策略的表现。在利差交易中，投资者会借入日元或瑞士法郎等低利率货币，然后将借来的钱投资于澳元等高利率货币（或按照最近几年的趋势投资于美元）。

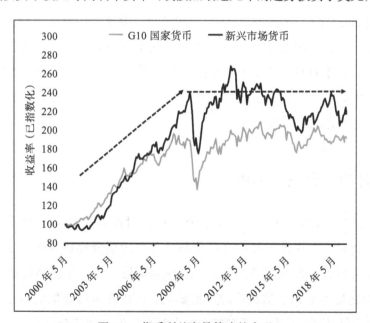

图 7-1　货币利差交易策略的表现

资料来源：Bloomberg.

最直接的好处是，投资者支付较低的利率借入资金（在本书写作的时候，3 个月期日元存款利率接近于零），然后以较高的利息借贷出去（3 个月期美元存款的利率大约是 2%）。当然，风险在于美元对日元可能会贬值，这将导致损失。

从历史上看，在经济强劲增长时期，高利率的货币反而有升值的倾向。因此分散化利差交易策略除了赚取利差之外，还有机会受益于汇率变化，可以获得极其出色的表现。

只有在危机时期，利差交易才会迅速崩溃，给投资者造成重大损失。但因为不同国家之间的利差往往够大，经济衰退也很少发生，所以利差交易策略在长期内非常有效。不管是只用十大发达国家（所谓的G10）的货币进行利差交易，还是在组合中加入新兴市场的货币，都能取得不菲的收益。具体历史收益表现如图7-1所示。

但2008年后，为了应对全球金融危机，北美和西欧的央行纷纷效仿日本央行，将各国的基准利率降低至零利率水平，有时候甚至会选择负利率。于是作为利差交易的收益变得越来越小，最终几乎消失。2009年之后各国央行陆续实行了十多年的零利率政策，曾经十分流行的利差交易策略也因此风光不再。

外汇对冲基金风光不再

利差交易的机制变化引发了全球外汇对冲基金行业的震动。外汇对冲基金运行着许多不同的交易策略，其中大部分都比前面介绍的利差交易复杂得多。但如图7-2所示，跟利差交易一样，这些策略的表现在2009年之后也受到了负利率的严重影响。所以在全球金融危机之后风光不再的不仅是利差交易，还连带影响了整个外汇对冲基金行业。

过去10年，外汇对冲基金的平均收益率几乎为零。尽管它们拥有经验丰富的基金经理和庞大的支持团队，但当所有主要货币的利率都相等（即为零）时，它们也无法赚钱。在这样的环境中，大家只能就一种货币相对于另一种货币是否会升值或贬值下注，输赢全靠运气，所以货币对冲基金失去了稳定赚钱的手段。

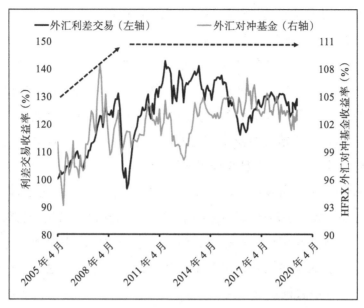

图 7-2　外汇对冲基金收益率

资料来源：Bloomberg.

跟德尔菲神庙一样，失去稳定收入的外汇对冲基金也会不可避免地走向衰落。另类投资数据供应商"巴克莱对冲"的数据显示，专门从事外汇交易的对冲基金管理的资产规模已从 2008 年秋季的 374 亿美元的峰值，降至 2019 年年初的 133 亿美元。

现代金融理论的缺陷

全球金融危机爆发十多年后，有一个趋势已经变得很清楚：货币政策的根本性变化导致外汇市场也发生了根本性变化，这严重削弱了外汇对冲基金的盈利能力。

其他一些曾经流行的投资策略在危机后也不再奏效。我在第三章中曾提到过，最近十几年价值型股票的表现一直逊于成长型股票。对于许多以价值投资为导向的长线投资者来说，价值策略是否以及何时能再次奏效，这真是一个悬而未决的问题。

投资中真正困难的部分是在市场发生机制性变化时及时发现，不能等到几年甚至十几年之后才后知后觉。如果在几年之后才发现市场运作方式的结构性变化，那我们的投资组合可能已经遭受了沉重的打击，需要很长时间才能从损失中恢复。这也是为什么我在第三章中坚定地认为有必要借助止损和其他工具来控制下行风险。

尽管识别金融市场的机制性变化对投资者至关重要，但不幸的是传统金融理论（尤其是现代投资组合理论）并没有提供任何相关线索。我不想离题，对现代投资组合理论或其他金融市场运作的主流理论进行冗长的解释。关于这些主题的好书数不胜数，但我想稍微讨论一下这些理论提出的三个核心假设：

1. 均衡性；
2. 线性思维；
3. 同质性。

让我们依次来看看这些假设。

均衡性

第一个假设是，随着时间的推移，金融市场会自动实现某种形式的均衡。价格是由需求和供给的平衡决定的，在均衡点才能达到最高的交易量。传统金融理论认为，如果价格偏离了均衡点，随着时间的推移，会有一种无形的力量将其拉回均衡点。

价格变化的唯一方式是均衡点本身发生变化。也就是说，只有需求或供给发生了变化，或两者都发生了变化，价格才会变化。例如，股票的价格是由股票的供求决定的。如果没有关于公司基本面或宏观经济形势的新消息，股票的供求就不应该发生大的变化，因此股价应该只会在一个很小的范围内波动。

也有一些技术因素会影响股价。例如，一个持仓较多的投资者调整了自己的投资组合，并在此过程中出售了某公司的部分持股。但从整体来看，股价应该呈现出相当稳定的特征。

如果某家上市公司突然发布消息称，管理层打算削减成本并裁员 1 万人。一些投资者会认为这是好消息，因为成本降低可能会给股东带来更高的利润，所以对该公司股票的需求将会增加。

但已经持有该股的投资者可能不会愿意以原来的价格出售股票，因为他们也认为公司的利润将会上升。他们只愿意以一个能反映公司更高估值的新价格出售股票。

最终的结果是，作为对这一消息的反应，股价将迅速上涨，直到有足够多的现有投资者愿意将他们的股票出售给新投资者为止。该公司发布的消息使得现有投资者和新投资者重新评估该公司的未来利润，需求和供应都发生了变化，导致价格转向新的均衡。

线性思维

现代金融理论的第二个基本假设是线性思维。这是一种简单外推的思路。让我们回到上面公司宣布削减成本的例子。让我们假设投资者预测 1 万名员工裁员计划将导致公司的营业利润率从 10% 增加到 11%，而利润率的增长将导致股价上涨 4%。

假设该公司忽然宣布裁员数量改为 5000 人而不是 1 万人。你可能会猜测，这会导致营业利润率从 10% 上升到 10.5%，而股价会上涨 2%。裁员数量减少一半，利润增加幅度就会减少一半，股价上涨幅度也会减少一半。

在这里做的一些假设并不精确，因为裁员有一些固定成本，而且裁员数量减少一半，营业利润的增长幅度不一定正好是一半。但是，作为初步估计，成本削减和股价反应之间的这种线性关系似乎是正确的。

现在，让我们假设这家公司宣布裁员 2 万人。同样的道理，你可以预期股价会上涨 8%，如果裁员 4 万人，股价会上涨 16%。但如果公司总共只有 4 万名员工呢？这就是线性思维的局限性，它会告诉我们，如果削减所有的工作岗位，或者说关闭整个公司，反而可以提高股价。

显然，当成本削减过多而降低了企业的运营能力时，成本削减和股价之间的线性关系就会破裂。

你可能会认为这是常识，但无论是投资者还是企业高管，似乎都做不到随时明了这个道理。当然，每个人都明白，如果你把成本削减得太厉害，到了企业必须关门的程度，你的股价就会跌到零。但是，在没有那么极端的例子中，这种错误在一次又一次地发生。

我生活中最不能忍受的事情之一就是搭乘美国的航空公司运营的航班。无论你乘坐的是经济舱、商务舱还是头等舱，美国的航空公司给乘客的体验总是比欧洲或亚洲的航空公司差。座位更挤、食物更糟、娱乐节目更少。而且，虽然我无法一一指出，但与我在欧洲、中东或亚洲的高级航空公司所享受的服务相比，美国的航空公司提供的一切都让人感觉很"廉价"。

在我看来，服务质量低的主要原因是美国的航空公司经营者们将成本削减视为了赢得竞争的唯一方式。每当利润下降时，它们的第一反应就是削减成本，以使公司再次盈利。它们削减了飞机餐和娱乐系统的成本，并将更多的人塞进机舱以增加每架航班的收益。只要能降低成本，一切体验都是可以牺牲的。最终的结果是服务质量的持续下降。

相比之下，中东或东亚的优质航空公司在面临利润下降时，并没有选择削减成本。它们认为，如果提供更优质的服务，就可以收取更高的价格。它们更注重提高服务质量，而不是单纯地削减成本。

最终结果是，随着时间的推移，像我这样的旅行者开始放弃选择美国的航空公司，转而选择服务更好的优质航空公司。原因很简单，因为我们在购买机票时不会只考虑价格，还会考虑其他因素。就我个人而言，我愿意多花一点钱来选择一个更舒适的航班，并享受更好的飞机餐和娱乐。

这种思维方式上的差异在其他行业中也可以看到。自 20 世纪 70 年代以来，美国汽车行业一直在稳定下滑。因为每当利润下降时，企业高管的反应就是一次又一次地削减成本。相比之下，德国和日本的汽车制造商专注于生产出消费者愿意支付更高溢价的高质量产品。

如今，德国和日本的汽车制造商主导了全球的汽车市场，所有有购买能力的消费者几乎都会选择德国品牌，而不是美国品牌。正如德国经济部长西格马尔·加布里尔面对美国总统唐纳德·特朗普提出的"美国人不再购买美国汽车"的问题时做出的回应："如果美国车企们能制造出更好的汽车，人们就会购买它们。"

同质性

我想批评的现代金融的第三个假设是，将大家的平均值作为所有人的代表，就足以很好地指导投资决策。这一主题的基本假设是，世界上所有的投资者都可以用一个典型投资者和他的典型信念来代表。

也就是说如果平均工资每年增长3%，那么每个有工作的人的工资都会增加3%。事实上，情况并非如此。工资的增加可能是不平衡的，高技能工人的工资可能经历了大幅增加，而低技能工人的工资可能没有变化。随着时间的推移，收入差距将会扩大。尽管从统计数据来看，平均工资水平在上升，但日益加剧的不平等最终将导致重大的经济后果。

贫困人口的增加会导致政府在社会保障体系上的支出增加，高收入者收入更高会导致更高的个人所得税和公司所得税，进而降低公司的利润。收入不平等的加剧也会激发针对收入最高的1%的嫉妒和愤怒。

这些影响都可能会导致民众抗议，比如"占领华尔街"运动；以及唐纳德·特朗普等民粹主义政客的上台。这些政客一旦掌权，他们采用的非常规政策，如中美贸易战和美墨边境墙，可能会进一步扰乱正常的商业环境。

图7-3显示了几个不同国家的基尼系数，这是衡量国家收入不平等程度最常用的指标。自20世纪80年代以来，除了英国等少数国家在全

球金融危机之后收入不平等程度略有下降外,北美、欧洲和亚洲的收入不平等程度一直在加剧。

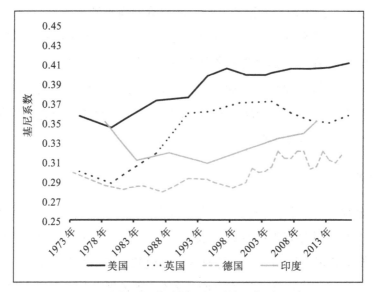

图 7-3　全球收入不平等程度

资料来源:Branko Milanovic database.

类似的错误也经常发生在一些股票分析师身上,他们总是试图通过对许多投资者的行为进行平均来判断"市场是怎么想的"。这种方法的问题在于,如果世界各地的所有投资者都对某只股票或债券抱有同样的想法,就永远不会有交易发生。因为交易需要买家和卖家的看法不一样。

买家相信股票或债券现在被低估了,并且未来价格会上涨;而卖家则认为目前股票或债券的价格太贵了。只有买卖双方的看法存在分歧,交易才会发生。分别考虑卖方和买方的平均情况,也许能提供一些关于市场整体的信息,但即使这样也忽略了一些重要的因素。

金融市场是复杂的动态系统

鉴于现代金融理论的这些缺陷，一群离经叛道的学者和实践者（大多拥有自然科学和工程背景）一直在研究一种更为复杂和动态的金融市场理论。他们打算将金融市场视为"复杂动态系统"的一个例子。

这个名词乍听起来似乎很可怕，但其实类似的系统在我们身边到处都是，每个人都已经司空见惯。最典型的复杂动态系统就是天气。天气的变化，是阳光、水和空气之间的相互作用，以及地球表面陆地和水域的分布等各种因素创造的各种奇特现象。

空气湿度的变化会导致云层的形成，当云层到达山脉上方时，就会产生阵雨。沙漠上空被加热的空气可能漂移到海洋中，在那里与被洋流冷却的空气发生碰撞。这些冷热空气相遇的地方，通常会形成大风，并且会形成风雨和雷暴。这些风暴可能又会重新登上陆地，并造成巨大的破坏。

气象学家知道，天气从来都不会停留于某个均衡状态。太阳辐射在白天和晚上之间的不断变化，以及地球表面的不同地形对太阳辐射吸收的不均衡性，意味着从来不存在什么恒定不变的天气，未来也永远不可能出现一个均衡状态。天气的决定性特点是它的动态性，也就是说，它一直在变化，从不停止。

同样，没有气象学家会用线性法则来预测天气现象。如果一个城市今天的温度是一个月前的2倍，这并不意味着根据一个月前下了3毫米的雨，就能推算今天会下6毫米的雨。如果事情真那么简单，天气预报员早就失业了。

最后，没有人会认为不同时间、不同地点的天气都是一样的。所有人都知道，在天气领域，平均值并不能提供太多的洞察力。地球的平均温度是令人舒适的15℃，这样的话没法说服加拿大北部的因纽特人，或者撒哈拉沙漠的贝都因人。同样，东京的年平均温度是15℃，但1月的平均温度低至 5.2℃，8 月则高达 27.1℃。

一年到头穿一样的大衣会让你大部分时候都很不舒服。这可能会让你想起嘲笑经济学家的一个老笑话："那个家伙把脑袋放在烤箱里，把脚放在冰箱里，然后告诉大家'平均而言，这还挺舒服的。'"那我们凭什么要相信金融市场可以用一个代表性的"普通"投资者来解释呢？

来自复杂动态系统的见解

对金融市场作为复杂动态系统的研究集中在以下四个关键属性上：
1. 异质性；
2. 非线性思维；
3. 适应和反馈；
4. 突变。

弄清楚这些属性的含义可以帮助投资者获得对金融市场及其行为的更深层次的理解。

异质性

图 7-4 是我们在第三章中见过的商业周期图，从图中可以看出价值策略的投资者和动量策略的投资者的盈利期分别位于商业周期的不同阶段。传统金融理论对商业周期围绕长期趋势波动的解释是：长期趋势是股票价格的均衡点，资产的价格会自动向均衡点移动。如果价格离均衡点很远，就会有一股越来越强的神秘估值力量将价格拉回基本面价值，这将有利于价值策略的投资者。一旦价格接近均衡点，估值力量就会下降，动量策略的投资者开始掌控市场。

但传统金融理论（至少在我看来）无法回答的一个问题是，为什么时常会出现资产价格高于其基本面价值的情况。如果股票价格的基本面价值是其均衡点，那么我们可以预期价格会围绕这个均衡点波动几次，但波动幅度应该会逐渐减小，最终应该会稳定在基本面价值附近。

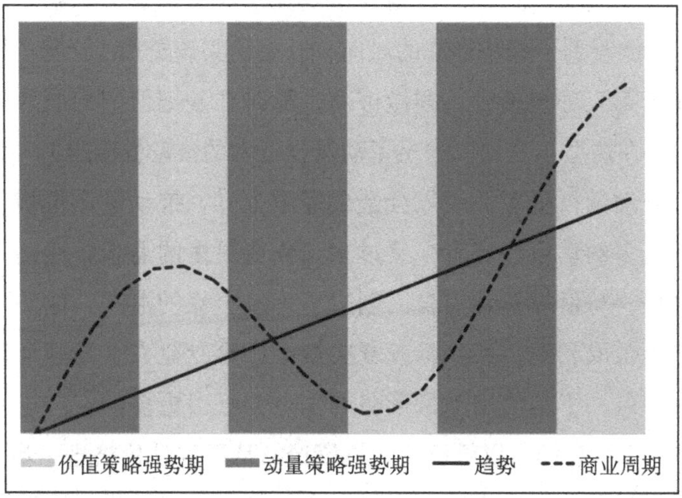

图 7-4　商业周期中的价值策略和动量策略

但实际情况恰恰相反，我们观察到市场围绕基本面价值的波动非常剧烈，而且这种波动永远不会消失。

复杂动态系统理论的支持者对这个问题有一个不一样的解释。他们没有假设资产价格会像被磁铁吸引一样自动奔向均衡价值，而是选择认真思考引入异质投资者的可能性。

假设市场上存在两类投资者。第一类投资者是价值投资者，他们只会投资于那些价格相对于基本面价值被严重低估的资产。如果某个资产的市场价格接近于基本面价值，他们不会进场买卖。如果市场价格明显高于基本面价值，他们将出售手中持有的仓位或做空该资产。

第二类投资者是动量投资者，他们在交易时不会考虑基本面价值，只根据资产价格本身的变动趋势采取行动。如果价格横盘不动，他们会忽略该资产并且不采取任何行动。如果价格持续上涨，他们就会买入该资产，并利用趋势的持续性赚钱。如果趋势发生反转，价格开始下跌，他们就会出售所持资产或做空。

假设一开始资产的价格略高于其基本面价值。价值投资者会忽略这种小的偏差，因为在这样的价格下卖空无法获得足够的收益。但部分动量投资者可能嗅到了趋势形成的风向，开始购买该资产（让我们假设市场上永远存在第三种投资者，即做市商，随时准备把他们的股票卖给任何需要的人，在这里正是他们满足了动量投资者的流动性需求）。

这部分动量投资者的买入会造成需求上升，推动资产价格上涨，这又会吸引更多的动量投资者，反过来又创造更多的需求。通过上述正反馈循环过程，动量投资者为自己创造了一波上涨的浪潮。他们开始为自己或投资者赚取利润，那些将投资决策委托给专业人士的基金购买者会注意到这一点。于是使用动量策略的基金会吸引更多的资金进入，有了额外的弹药之后它们可以继续买入该资产，从而推动价格进一步走高。

但这个过程是无法永续的，迟早会有一个拐点出现，这时资产价格已经远远高于其基本面价值了。这个时候轮到价值投资者行动了，他们会出售手中持有的资产或做空该资产。资产的价格越高，就会有越多的价值投资者出售他们所持有的股票。这造成了股票供应的增加，最终将足以覆盖动量投资者的需求，并导致价格下跌。

一旦价格开始下跌，一些动量投资者就会选择抛售所持股票获利了结。这创造了额外的股票供应，从而将价格打压得更低。作为对价格下跌的反应，更多的动量投资者开始出售他们的资产，而那些委托他们投资的基金购买者会将资金从动量策略基金转移到价值策略基金那里。

在下跌过程中，这些价值策略基金率先做空，因而也获得了最大的利润。现在我们将会看到另一个方向的反馈循环。在价值投资者卖出或做空之后，越来越多的动量投资者也会跟着卖出。价格会持续下跌并最终跌破基本面价值，因为即使在基本面价值附近的时候，动量投资者和价值投资者也没有买入该资产的理由。

只有当价格大幅低于基本面价值时，价值投资者才开始重新买入该资产，导致需求增加，价格上涨。于是，下一轮循环又会重新开始。

从上面的分析可以看到，市场的复杂动态系统视角并不需要假定资产的基本面价值就是其均衡价格。它的假设是持有不同观点的投资者之间会发生复杂的互动，这会推动资产价格偏离其基本面价值，然后又回到基本面价值。

不同类型的投资者在市场上的影响力受到各种因素的影响，包括投资者之间互动的情况，他们所持策略盈利能力的变化，以及他们从外部投资者吸引资金的能力。当一种类型的投资者的影响居于主导地位时，资产价格会表现得好像它们在遵循该类投资者的投资策略。但最终，当一种投资策略占据绝对主导地位之后，就会失去进一步获利的空间，以至于投入额外的资金也难以获得什么好处。

在这个转变点，优势策略盛极而衰，过去一段时间不起作用的投资策略再次变得有利可图。时来运转的策略会吸引更多的资金进入，价格走势将突然表现得好像在遵循这个策略，于是市场潮流发生了改变。

如果金融市场是一个复杂的动态系统，由异质的投资者组成，那么我在第三章中提出的为长期投资者管理风险的模型就有了用武之地。还记得那个放着一个台球和几根不同长度和弹性的橡皮筋的台球桌吗？该图展示的就是在复杂的动态系统中正发生的事情。拥有不同投资策略的投资者群体会从不同的角度看待同一个情况。

在大多数时候，他们都没有购买或出售资产的动机。但是当合适的市场条件出现的时候，某类投资者会忽然发现购买或出售资产的诱惑变得难以抗拒。就在这个时点，其中一根橡皮筋被拉伸，并开始把球拉向某个方向，于是资产价格开始经历前面所说的变化过程。

非线性思维

上一节的分析也能说明为什么一定要假设金融市场是非线性的。因为即使一开始动量投资者和价值投资者在买卖资产时使用简单的线性规则，最后资产价格的变化也一样会变成非线性的。

例如，如果动量投资者的投资策略为，对最近上涨5%的资产配置总资金的1%，对最近上涨10%的资产配置总资金的2%，以此类推。而价值投资者的投资策略为，对价格被低估10%的资产配置总资金的1%，对价格被低估20%的资产配置总资金的2%，由此类推。市场的动态特征似乎不会因此发生任何改变，我们仍然可以看到金融市场的波动和周期。

但在这样的市场中，资产价格的动态变化会自动变得越来越非线性。因为一旦某个投资策略成功了一段时间，它就会吸引更多的资金进入。然后这些额外的资金会被投资到一些类似的资产之上，把它们的价格推得更高。

最终结果是滚雪球效应，导致价格的上涨和下跌都越来越快。在理想状况下，资产的价格会呈指数级上涨。但当价格的增长速度超过指数级并一路冲顶时，泡沫就会形成。在下面的"突变"一节中，我将展示如何通过在价格中寻找这种非线性行为来识别资产泡沫。

也有一些非线性现象是突然出现在金融市场上的。让我们回到2008年全球金融危机爆发的时候，当时很多原本正常的金融业务和操作方式都突然停转，比如投资者会发现以往可以随时出售手中资产的便利性一夜之间就消失了。

随着一家又一家金融机构陷入困境，各家银行变得越来越不愿意借钱给其他金融机构，因为没有人知道对方是否能够活到第二天。突然之间，一场银行信贷危机就演变成了席卷全球的流动性枯竭。

一些平时可以在不同银行和投资者之间进行柜台交易的资产突然没有买家愿意接手了；那些习惯了在资产负债表上保留风险最高的抵押债务凭证，并在需要资金时再随时向机构投资者出售的银行，再也没有渠道出售这些资产了。由于没有买家，这些资产对银行来说变得一文不值，这造成了巨大的损失，导致世界上一些最大的贷款机构破产或濒临破产。

我们在2008年目睹的是物理学家和气象学家所说的相变。如果你给水降温到 0℃，它会变成冰。曾经的液体现在变成了固体，这种固态的水和液态的水是很不一样的。当管理层削减公司成本时，也会发生类似的转变。如果削减程度过大使公司无法有效运作时，就会把公司推上破产的道路。

过去十年左右的货币政策也经历了这样的相变。通过将利率降至零并实施量化宽松等其他"非常规货币政策"，央行实际上已经全面放弃了传统的货币政策，开始使用与过去截然不同的一套新货币政策。

所以在过去十年中，持续保持低位的利率并没有像历史上发生过的那样推升欧洲和北美的通胀。而与以前的经济周期相比，这一轮经济复苏相当疲弱，但资产价格却被推高到了极端水平。这一切都是在非常规货币政策和措施下出现的新现象。

许多经济学家和市场专家担心，这些非常规货币政策将导致未来的超级通胀或市场崩溃。在我看来，他们可能犯了一个巨大的错误。他们使用了一个隐含假设，就是当前的新货币政策的影响可以与历史上的那些传统政策进行直接比较。

他们其实是在假设，量化宽松和其他措施是线性现象，本质上与我们过去遇到的那些政策是类似的。但从这次全球金融危机后的经验来看，新的货币政策已经与以前的货币政策有了质的区别。我们没法自信地宣称，这些非常规的政策措施会产生与曾经采用的那些宽松货币政策一样的后果，即一定会带来市场崩溃或超级通胀。

真正的答案是，我们根本不知道目前的状况将以何种形式结束。当然这可能是一种更可怕的状态，比这些专家所说的"世界末日"情景还要可怕。因为这也意味着一旦出现问题，我们将不知道如何拯救全球经济，避免潜在的意想不到的灾难性后果。

到目前为止，一切进展顺利，但绝对没有人能确切知晓未来会怎样。这是投资者要记住的一件重要事情。

适应和反馈

作为人类，我们倾向于相信简单的因果关系。如果我周一早上在办公室打了老板一耳光，周一晚上我就会丢掉工作；如果到了新岗位，我又打了新老板一耳光，我也会再次失去新工作。有因必有果。打了老板，就丢了工作。这很简单，而且在大多数情况下，这种思维方式就能帮助我们很好地驾驭环境。

但有些情况下，事情并没有那么简单。人类跟机器人不一样，我们可以不断根据环境对我们行动的反馈来逐步适应周围的环境。环境变了，我们就会逐渐改变自己的行为模式。加拿大北部的因纽特人的行为模式，与非洲南部的卡拉哈里沙漠的丛林居民有很大的不同。不同人群遵循不同的行为模式，是因为他们生活的环境是不一样的，所以要发展出不同的生活方式，每种生活方式在各自生存的环境中是最有效和方便的。

作为全球白领一族的一员，我永远不会忘记自己第一次拜访嫂子的经历。她住在阿拉斯加的一个偏远地区。当我到达她的村子时，她让我用一把钝斧头砍些柴火过夜。砍了不到两分钟，我就滑倒了，左手拇指差点被切掉。

我之所以永远忘不了这件事，是因为每次打字的时候都能看到自己拇指上的伤疤。我从这把斧头中得到的反馈足够强大，足以让我改变自己的行为，以至于从那时候起我再也没碰过任何斧子。

我不适应阿拉斯加的荒野生活，但如果被迫在那里待得足够久，我将不得不学习必要的技能，并改掉一些城里人才有的习惯，如果我不想给熊加餐的话。

在金融市场中也可以观察到类似的适应和反馈过程。如果投资者在某次投资中赚了钱，他们会倾向于不断进行类似的投资策略和操作。这个效应被心理学家称为强化学习。如果得到一个好的结果，我们就会再次重复之前的操作。如果得到一个不好的结果，我们就不会再做同样的事。

在第四章中，我们曾讨论过个人经历会如何影响我们的投资决策。我告诉过你，投资者倾向于坚持曾经给他们带来过收益的投资策略。但是，随着周围世界的变化，旧的投资方式可能会变得不再有效。在刚开始的时候，这些策略可能只是比以往效果稍差一些，所以投资者忽略了市场给他们的反馈，仍然按部就班地重复习以为常的操作。

在这种情况下，投资者可以使用我之前介绍的投资日记和其他工具，来帮助自己更快地学习和适应变化的市场。

但有时候，从环境中感受到的反馈是非常强烈的。市场可能会突然发生剧烈的变化，在很短的时间内就让投资者损失惨重，形成一段持续一生的创伤性记忆。就像我一样，只是在阿拉斯加用过一次斧子，从那以后就再也没敢碰它。这说明我的行为模式因为斧子给我的极端反馈而发生了适应性改变（显然，这都是斧子的错）。

想象一下，如果一位投资者恰好在全球金融危机爆发前几年开始了自己的投资生涯。他将所有财富都投入了股票市场，但危机一来，这笔投资突然遭受了腰斩甚至脚脖子斩。这么惨重的损失一定让人印象深刻，足以让投资者改变自己的行为模式，并有可能让他在之后的投资中完全避开股票。在剩下的投资生涯里，这位投资者可能只会将自己的投资组合集中在安全资产上，比如政府债券或黄金。

我的职业生涯就始于科技泡沫到达顶峰的20世纪90年代。在2000～2003年之间，在科技股上的巨额损失让我对科技公司和科技股票终将改变世界的看法持终生怀疑态度。之后很多年，我都在自己的个人投资组合中自动回避科技股。直到有一天，我分析了自己的投资日记，才发现早期的投资经历让我付出了高昂的代价。

从那以后，我学会了通过在投资过程中主动创造反馈循环（通过使用投资清单）来解决这种"适应速度不足"的问题。这帮助我放下心中的芥蒂，正常地看待和接受科技类股票。现在我已经可以接受自己的投资组合中出现科技类股票了，但我会根据自己在科技股泡沫和其他投资日记中总结的经验，对新近出现的科技类公司进行仔细的甄别和分析。

极端事件可能会对众多投资者和整个金融市场产生持久的影响，来自欧洲央行的迈克尔·埃尔曼和希腊央行的潘纳哥塔·扎莫纳尼的研究能很好地说明这个问题。他们仔细研究了一份在1981～2000年期间对来自23个国家的52 000名投资者的调查报告，在调查报告中，受访者被要求回答对抗高通胀对自己来说到底有多重要。图7-5显示了认为应该将对抗通胀作为政策制定者的首要或次要任务的受访者的百分比。

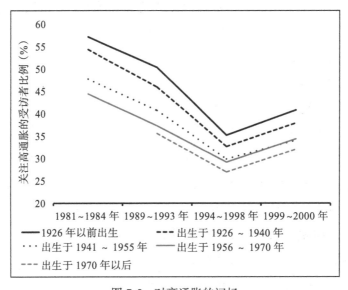

图 7-5　对高通胀的记忆

资料来源：Ehrmann and Tzamourani (2012).

首先值得注意的地方是，在20世纪80年代初，人们对70年代末的高通胀以及随之而来的所有经济问题记忆犹新。因此，当时大多数受访者认为抗击通胀是当务之急。但是，即使在通货膨胀得到控制的10年之后，也就是20世纪80年代末和90年代初，仍有大约一半的受访者将抗击通货膨胀视为优先级最高的经济目标。直到20世纪90年代末，人们才"忘记"了20世纪70年代的经历，不再过度担心通胀的问题。

图 7-5 中第二个值得注意的地方是，年长的受访者比年轻的受访者更担心通货膨胀。这可以用他们一生经历的通货膨胀数量来解释。样本中最老的一代是出生于 1926 年之前的人。这些受访者不仅清楚地记得 20 世纪 70 年代的高通胀，还能记起第二次世界大战结束之后的通货膨胀。有些人甚至还记得在大萧条期间（比如德国魏玛）和第二次世界大战期间（比如匈牙利）的恶性通货膨胀。

他们在自己的一生中多次见识到高通胀对经济的毁灭性影响，因此有理由害怕它。样本中最年轻的一代是 1970 年后出生的人。在他们的一生中，唯一经历过的通货膨胀是在 20 世纪 70 年代，但当时还年幼的他们可能无法充分理解其影响。

如今，最老的两代受访者中的大多数人已经去世，这就解释了为什么通货膨胀现在不再是大多数投资者关心的话题。大多数人从来没有经历过 1970 年代的通货膨胀，而那些经历过的人现在都老了。

在上一段高通胀时期结束后的 40 年里，两代从未经历过通胀的投资者陆续进入了金融市场。所以现在的金融市场表现得好像完全不关心通胀的问题，这一点也不奇怪。适应和反馈机制再次发挥了作用，这一次它造成了人们对通货膨胀上行风险及其对金融市场的影响关注不足的结果。

突变

复杂动态系统研究的最后一个重点是，上述三种效应（异质性、非线性和适应性）的结合会导致新市场机制的凭空出现。在任何一个交易日，金融市场都可能从过去理性和冷静的运行方式，一夜之间发生毫无前兆的失控。

根据现代金融理论，这种情况不应该发生。因为市场总是趋向于一种均衡状态，而均衡状态只有在供给端或需求端发生巨大的变化时才会大幅变化。但是，在一个复杂动态系统中，市场从未达到均衡。复杂动态系统总是处于不断变化之中，小小的扰动也可能会演变成巨大的风浪。

在气象学中，这被称为蝴蝶效应，发现者是爱德华·洛伦兹。该理论认为系统原始状态的微小差异，在之后可能会导致截然不同的结果。

要了解一种截然不同的金融市场模式是如何莫名其妙地出现的，有必要看看瑞士苏黎世联邦理工学院金融与企业风险教授迪迪埃·索尔内特的研究。索尔内特最早的研究对象是另一个复杂动态系统——地震，但后来转向了金融市场。

他的工作重点是实时检测金融市场的泡沫，并试图预测泡沫何时会导致崩盘。你可能已经猜到了，这项研究目前仍然处于探索当中，不能指望他和他的团队现在就能够准确预测市场崩溃的时间。但通过监控市场在泡沫形成前表现出的某些特征，他们取得了一些进展。

迪迪埃·索尔内特和其他研究人员观察到两种现象。第一种是，金融市场在大多数时候的表现是很正常的，这意味着上涨和下跌的速度都没有失控，增长函数符合指数模型。价格服从指数函数意味着其增长在本质上是一个复利过程，类似于储蓄者在自己的储蓄账户上看到的变化。

假设你储蓄账户的开户银行每年向你支付 5% 的利息，你存 100 美元到你的储蓄账户里，一年后你会有 105 美元。两年后你的账户余额将是 110.25 美元，即上一年度的 105 美元加上以此为本金的利息 5.25 美元。三年后，你的账户余额将为 115.76 美元，依此类推。

但在资产泡沫中，价格的增长将会出现高于指数增长的速度，通常会呈现双曲线增长函数。经典的例子是股价在正面新闻曝光后当天上涨 10%，第二天又涨了 20%，之后的涨幅又从 50% 到 100% 迅速增加。收益率本身并不是一个相对稳定的数字，而是呈指数增长，资产价格走势图陡峭到几乎要向后倾斜。

研究人员观察到的第二种现象是所谓的对数周期性。正如我在"异质性"一节中讲到过的，资产的买家和卖家之间一直在进行着某种对抗和互动。不同投资者群体之间的相互作用导致了我们在市场中观察到的周期性现象。在更小的时间尺度上，我们一样可以观察到资产价格的这种周期性。股票价格的上涨不是一步到位的，而是由一波又一波的小型涨跌组成，先是一波大幅上涨，然后略微下跌，然后进入另一个上涨之前的稳定期，反复循环。

之所以会出现这样的循环，也是不同投资者之间相互作用的结果。最初，动量投资者在观察到某个信号后开始大量买入，并推动股票价格迅速上涨。一段时间后，部分动量投资者可能会选择获利了结，卖出部分或全部持股，对该资产的需求暂时下降，股票价格会略微下跌。在股价下跌到一定程度后，一些价值投资者会认为这是捡漏的好机会，需求再次增加，股票价格会再次上涨。

通常情况下，这些捡漏的投资者并不是市场的主导力量，但在泡沫中，它会变成了一股压倒一切的力量。投资者看到某只股票过去快速上涨的历史，就会担心自己错过该股票的下一次反弹，所以会趁着股价还比较低的时候抢先买入股票。如果有足够多的投资者这样做，下跌结束之后的反弹将比上一次上涨更加强劲。这反过来又会在下一次股价回调时吸引更多的投资者抄底，如此反复。

然后又是下一轮的动量投资者逢低买入，收获一定涨幅后又卖出获利，变化的周期会越来越快。当泡沫形成之后，下跌回调的时间越来越短，上涨反弹的幅度则越来越大。但最终总会有一个时点，市场上没有更多的新投资者愿意加入这个过程，这就是泡沫破裂，股价开始下跌的时候。在这个时候，许多投资者会发现自己手上持有大量高价购买的股票，但愿意接盘的对手却不见踪影。他们会疯狂地抛售股票，相互踩踏，造成迅速而剧烈的崩盘。

图 7-6 展示了道琼斯工业平均指数（以下简称道指）在 1987 年 10 月股市崩盘前一年出现的泡沫。该图改编自迪迪埃·索尔内特的研究。数据显示，在 1986 年的大部分时间里，道指都表现平稳。上半年出现了相对温和的反弹，下半年则出现了横盘整理。

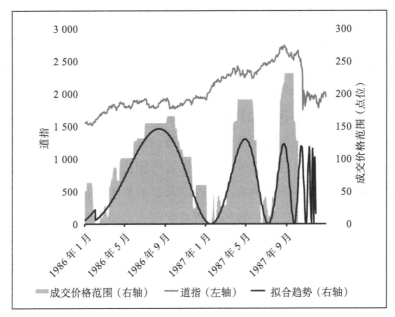

图 7-6　1987 年美国股灾前道指的对数周期现象

资料来源：Sornette (2002).

图 7-6 中的灰色区域显示了该时点过去 12 个月道指的成交价格范围。1986 年下半年，指数处于横盘整理过程，成交价格范围很窄。但 1987 年年初成交价格范围突然扩大，而道指的涨势也变得非常强劲。更多的投资者想要参与到这次行情中来，因此当道指在 1987 年夏季小幅下跌时，投资者纷纷逢低买入，并迅速将价格推向新高。

这一轮上涨比上一次更加强劲，但只持续到 9 月，然后又经历了一轮回调。和以前一样，越来越多的投资者试图抓住机会抢到一些"便宜"的筹码。但不幸的是，现在已经没有足够的投资者有意愿或者能力继续在下跌时买入，于是整个市场开始崩溃。

1987 年 10 月 14 日星期三开始了一轮相对温和的下跌，但在 10 月 16 日加速了下跌 108 点（4.6%）。这一天是星期五，投资者有一个周末的时间平复一下心情。这次下跌的成交量创下了历史新高，表明很多投资者希望尽快卖出，这也使得美国财政部部长詹姆斯·贝克公开对市场表示了担忧。

到了下一个周一，下跌的势头再也停不下来了。跌势从亚洲市场开盘时起，在欧洲交易时段不断加速，在几分钟之内道指就暴跌了数百点，投资者纷纷逃离。当天收盘时，该指数累计又下跌了508点，跌幅达22.6%。到2020年为止，这依然是有记录以来该指数最大的单日跌幅。

1987年的"黑色星期一"过去30多年后，现代金融理论仍然无法解释是什么导致市场出现如此严重的崩盘。事实上，现代金融理论的基本原理表明，这种下跌可能几十亿年才会发生一次。然而，金融市场一次又一次地崩溃，比现代金融理论预测的要频繁得多。

在复杂动态系统研究的帮助下，我们有望进一步解释这种崩溃何时会发生，以及如何为它们做好准备。如果足够幸运，我们甚至有一天能够在市场崩盘发生之前预测到它们。但我对此不抱希望。

毕竟，如果我们能在市场崩盘发生前可靠地预测到它们，投资者就会适应这一知识，改变自己的行为，所以可能从一开始就不会制造这场泡沫。尽管这听起来可能是一件好事，但在实践中，这种投资者适应将导致市场行为的改变，从而使预测不再有效。因此，成功的预测本身将使得预测变得不可能。

也有可能投资者会相应发展出一种新的获利策略来适应市场，即试图从市场崩盘中受益。在这种情况下，崩盘会比预期的更早发生，因为越来越多的投资者会提前购买金融衍生品以便从即将到来的崩盘中获益，或者提前出售他们的投资来避免损失。

金融市场会呈现出投资界传奇人物乔治·索罗斯所说的"反身性"。市场会不断地适应投资者的观点变化，随着投资者行为的改变而改变，让投资者无法得偿所愿。这造成了投资者行为的又一轮变化，而投资者行为的变化反过来又会改变市场的行为。这是一个持续的、动态的过程，永远不会达到平衡，永远无法预测。

如何从系统的角度来分析市场

在我看来,将市场视为复杂的动态系统是一个很有前途的研究方向,它将使我们能够更好地理解市场为什么会这样行动。这对我们投资者来说也是一种挑战,因为它要求我们从非常不同的角度看待市场。

我们需要摒弃线性的"如果……那么……"的思维方式,这种思维方式如今主导着投资界。正如我们上面所看到的,市场在大多数时候表现良好,但它们可能突然地,而且似乎毫无理由地切换到极端状态。作为投资者,我们需要练习从反馈回路和适应性的角度来思考问题。

图 7-7 说明了这有多复杂。在线性世界中,正如现代金融理论所描述的那样,我们可以简单地说,如果 A 发生了,那么 B 就会发生。举个例子,如果一只股票相对于市场被低估了 20%,那么它在接下来的几年里应该会比市场表现得更好。或者,如果央行降低利率,那么经济就会得到提振。

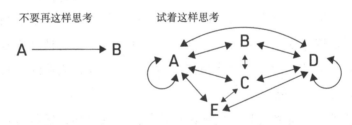

图 7-7 用反馈回路的方式思考

但现实并不是这样的。现实中可能发生的情况是,B 在反馈给 A 的同时影响着 C 和 D,而 A 又会影响 C、D 和 E。同时,E 可能会影响 C 和 D,C 和 D 又会影响 B。这可能会让你晕头转向,但金融市场比我们愿意相信的要复杂得多。

举一个反馈循环的例子。让我们来分析一下本节前面的一个陈述:如果央行降低利率,经济就会得到提振。你可能会说这是常识,是货币政策的核心逻辑。如果央行降低利率,那么商业银行就能够向企业提供更便宜的贷款，并向家庭提供更便宜的抵押贷款。

接着企业就会用这些贷款增加未来的生产能力，而家庭会用抵押贷款购买更大的房子，或将现有的房子再抵押，并将额外的钱用于装修或其他消费。所有这些举措都将导致更强劲的经济增长，而对更强劲经济增长的预期会带动股市的上涨，石油和工业金属等周期性大宗商品也会上涨。

根据"如果 A 发生，那么 B 也会发生"的逻辑，则有"如果央行降低利率，那么经济将会加强"以及"如果经济走强，股市就会上涨"。

但请允许我在一个更现实的世界模型中，重新分析一下央行降低利率的后果。让我们假设家庭和企业在经济刺激之前就已经背负了一定数量的债务。

如果企业和家庭已经拥有大量债务，降息仍可能导致企业贷款和抵押贷款的利率下降，至少在理论上是如此。但是，商业银行只有在确信自己最后能收回本金的情况下才会贷款给房主和企业。如果他们认为借款者可能不会还钱，他们要么就不会借钱，要么就会要求更高的利息作为风险补偿。

如果其中一些高风险贷款违约，额外的利息收入将被用来弥补损失。毕竟，商业银行不是救世主，它们做生意的目的是要赚钱。当企业和家庭已经负债累累时，额外的债务可能会变得非常昂贵，以至于利息成本的增长超过了扩大生产带来的利润或消费增长带来的好处。对于那些增加抵押贷款的目的不是用于装修厨房之类的长久投资，而是用于诸如度假之类的短期消费上的家庭来说，情况尤其如此。度假一时爽，债务永流传，贷款后的家庭用于消费的钱可能比以前更少。

类似的影响也可能发生在商业领域，低息贷款可能会激励他们投资于可能永远不会盈利的可疑项目，或者盈利能力极低，甚至连利息成本都无法弥补的项目。结果是盈利能力下降，偿还贷款的能力也相应下降，贷款后的企业变得更加资不抵债。

如果后两种现象大规模发生，央行降息可能会起到反作用。虽然新增贷款和抵押贷款可能会在短期内提振经济，但中期影响是使经济增长变得更低。当然，现代经济理论认为央行进一步降息以刺激经济增长是有必要的。但如果央行已经将利率降至零了又该怎么办呢？

我们知道这个问题的答案：通过大规模购买政府债券来实施量化宽松。这可以进一步降低市场上的贷款利率。

因此，自20世纪80年代以来一直运作良好的传统货币政策，不仅已经失效，而且变得适得其反。央行降息越多，经济增长就会越糟，因为在债务堆积如山的情况下，额外的贷款将导致成本大幅上升，从而降低消费和企业盈利能力。

不幸的是，我们没有办法摆脱这种负反馈循环。想象一下，如果在这种局面之下，央行决定停止维持负利率和购买政府债券的操作，甚至大幅提高利率，会有什么后果。已经背负了大量债务的家庭和企业当然不愿意在高利率下再申请更多的贷款，但之前借的钱总是要还的，它们不得不以目前更高的利率进行再融资。

这将进一步降低企业的盈利能力，并削减家庭的可支配收入。其结果是投资和消费进一步减少，从而导致经济增长放缓。你会发现，突然之间，我们的货币政策似乎注定要失败。降低利率没有帮助，而提高利率只会让事情变得更糟。央行实际上已经让自己失去了管理经济或通胀的能力。

学习经济史的学生可能知道，我在这里提出的论点与20世纪早期货币政策的主要指导方针真实票据学说类似。真实票据学说认为央行不能随意增发货币，除非背后有足够数量的安全资产（例如黄金）作为抵押。

该学说的支持者认为，如果央行过度增加货币供应，就会引发投机，刺激资源的非生产性使用。这将破坏长期的经济增长和经济的整体稳定。为了防止央行过度扩大货币供给，并引发投机和非生产性投资，一些经济学家认为央行的货币供给必须与其持有的某种真实资产挂钩，比如金库里黄金的数量。因为你不能凭空创造黄金，而且全球黄金供应增长缓慢，这种金本位制可以阻止央行印太多的钱。

真实票据学说如今已经没有多少支持者了，因为它很可能加剧了20世纪30年代大萧条的严重程度。因为当经济衰退时，投资者会去央行要求将钱兑换成黄金。所以当经济在大萧条中陷入衰退时，央行不得不被动减少货币供应，从而减少了企业和家庭的重要信贷资源。作为回应，企业和家庭不得不削减消费和投资，这使得经济衰退变得更加严重。

如今，没有一个严肃的经济学家会提倡这种风格的货币政策。但是在我看来，虽然真实票据学说要求太过严格，但我们不应该把婴儿连同洗澡水一起扔掉。事实上，我相信在真实票据学说中有一个真理性的元素值得从理论的废墟中抢救出来。今天，我们可能比我们想象的更接近货币政策的转折点。

在反馈循环中思考是一项艰巨的工作，但那些说投资很容易的人完全没意识到这个事实。将动态系统思维纳入自己的市场思维方式的最好方法是考虑台球桌上的球，如图7-8所示。

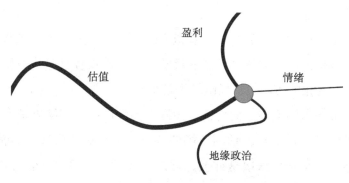

图7-8　如何处理复杂动态系统

这个图是用来分析股票市场的，但你可以将其稍微调整一下用来分析利率。例如，你可以用政策利率取代估值；用通货膨胀取代盈利；用汇率取代地缘政治；用债务水平取代情绪。你还可以加上其他的橡皮筋，比如失业、对央行的信任、政治影响力等。

重点是，这种思维方式是非常灵活的。你所要做的就是考虑哪些因素会影响投资，以及它们相对于其他因素的影响力有多大。所以你必须仔细分析数据，并开始识别每根橡皮筋在历史上被拉伸的范围。最后，你可以将当前的情况与这些历史上的极端情况进行比较，以确定这根橡皮筋的拉伸程度是否足以将球拉向不同的方向。

如果不是，那就暂时忘记这根橡皮筋，转而考虑下一根，直到你发现有一根绷得足够紧的橡皮筋可能会推动市场为止。如果现在所有橡皮筋都不够紧，那么这只球很可能暂时还不会被拉动，市场会继续沿着之前的规律运动。

当然，复杂的动态系统可能会突然转变模式，一个新的市场机制可能会看似无中生有地出现。这就好比你还在用历史数据计算橡皮筋拉力的时候，发现有一根筋突然断了。这就是为什么我喜欢使用止损和其他风险管理工具的原因。最后，你必须尊重市场。做空市场是一种危险的游戏，因为我们都知道，市场保持非理性的时间比任何投资者坚持到破产之前的时间都要长。

在一个复杂的动态系统中，看似不理性的东西实际上可能非常理性，因为它可能是市场中非线性关系的反映，以及投资者对这些关系的适应。在这种动态变化的市场中，风险管理变得更加重要。

由于市场永远不会走向均衡，预测市场发展的长期结果是不可能的。相反，投资者在评估自己预测市场的能力时必须保持谦逊。尽管根据现代金融理论，市场应该以这样或那样的方式发展，但它可能会在很长一段时间内偏离这些理想模型。

在这种情况下，投资者需要控制潜在亏损头寸的规模，以维持足够长的生存时间，实现自己的长期财务目标。从本质上讲，风险管理是一个存活下去并有机会再次投资的策略，让你可以坚持到市场环境更有利于你的个人投资风格发挥的时候。

■ 本章要点 ■

- 市场总是处于不断的变化之中。有时候这种变化很小，但有时也会发生毫无征兆的急剧变化，而且会持续比较长的时间，这可能会将大量投资者推到破产的境地。
- 现代金融理论通常无法解释（更不用说预测）市场行为的这些变化，因为它建立在三个核心假设之上：市场趋向于均衡状态，因果是线性的，可以用投资者行为的平均值来代表所有投资者。这三种假设在现实市场中都有严重的局限性。
- 复杂动态系统理论以一种完全不同的方式来看待市场。它假设不同的投资者有着不同的信念，并且不同投资者之间的复杂互动才是推动市场变化的动力。市场中存在非线性效应，一个变量的微小变化可以导致另一个变量的指数级变化。此外，投资者会适应不断变化的市场环境，而这些适应反过来又会影响市场的行为。所有这些特征加在一起可能导致新市场机制的突然出现，事前似乎没有任何征兆。
- 投资者需要学会将金融市场视为复杂的动态系统。这需要经过一定的训练，因为反馈循环和适应性的思维方式比投资者习惯的传统思维方式要复杂得多。
- 这也意味着风险管理变得比在现代金融理论中认为的更重要。如果市场的可预测性没有现代金融理论所假设的那么高，而且会在几乎没有预警的情况下失控，那么唯一能帮助投资者长期生存下来的就是有效的风险管理，这将帮助投资者避免无法挽回的巨大损失。

| 第八章 |

接下来看你的了

到目前为止，一些读者的小本本上可能已经写满了对本书的抱怨。一方面说过去的表现并不能确保未来的结果，另一方面又说我们也不能依赖预测。我们不应过于短视、过度交易，但也不能过于固执、一直守着亏损的投资。既告诉我们市场在不断变化，过去有效的方法可能会突然失效，又告诉我们应该从过去的经验中学习，以增加投资成功的概率。简直槽点满满。

本书中有许多看似矛盾的观点和建议。但正如我在一开始就指出过的，本书选择的常见错误覆盖范围是非常广泛的，因为它们是基于我作为专业投资者和投资顾问的个人经验。不是每个人都会犯本书中描述的所有错误（我可能是个例外），也没有人会一直犯这些错误。

所以这些常见错误只能作为一个起点。接下来，您需要根据自己的个人需求调整这些建议，这首先需要一些内省。

认识你自己

成为一个更好的投资者的第一步，也是最重要的一步，是诚实地审视自己的投资过程和你作为投资者的个性缺陷。最好的方法是回顾一下过去的投资，看看你是如何构建自己的投资组合的。既要看到自己积极的一面，也要分析消极的一面。你是否存在系统性的偏见或倾向性？

如果你还没有明确的投资策略或投资哲学，你可能需要分析一下自己是一个增长型投资者还是价值型投资者；是一个短线交易者还是一个能坚持长期投资的人；是更容易受宏观经济事件和股票基本面的影响，还是更关注历史价格走势和技术信号？

这些问题的答案没有对错之分。正如我在第七章中所说，市场运转的原因是不同类型投资者之间存在的意见分歧，以及他们之间的相互作用。所有不同的投资方式都可以获得成功，不要一听有人说图表分析不起作用或者价值投资已死就轻易相信。如果你把金融市场看作是复杂的动态系统，就会知道这些问题没有这样绝对的答案。事实上，在我的职业生涯中，遇到过一些始终坚持图表分析、宏观驱动投资、价值投资或纯量化驱动方法的人，其中不乏获得成功的例子。如果你正确使用这些方法，就能获得成功。

但我也经常看到投资者匆忙地从一种投资哲学转向另一种投资哲学，或者在投资中不断追逐最新的概念和趋势。这些投资者往往会在短期表现不佳或亏损后就对自己当前的投资方式失去信心。

风险投资方案是决定投资者战略资产配置的关键因素，我曾经工作过的一家公司调查了个人投资者改变该方案的频率。他们发现，比较明显的改变平均每 18 个月就会发生一次。这是一个致命的错误，因为许多投资策略需要 5 年或更长的时间来证明自己。在 1 年半的时间内就改变它显然是过于短期的操作。据我所知，没有一种方法可以在如此短的时间内对一个投资策略进行有效的评估，也没有一种投资方法可以在这个长度的时间段内一直有效。

所以，如果你还没有一个明确的投资策略，可以试着分析一下自己的投资组合，看看是否能在其中找到一些趋势。这些趋势可能会让你知道哪种投资哲学对你最有吸引力。大多数个人投资者，当然还有所有的专业投资者，都已经有了他们想要实现的特定投资理念。一旦你选择了一个投资哲学或策略，那么接下来的工作就是根据它来分析过去的投资决策，找出自己正确或错误的行为模式。

例如，如果你选择的是某种价值投资风格，那成功的关键是能否摆脱从众的冲动，是否具备逆市场趋势而上的勇气。如果你不愿意做一个主流投资者眼中的反向投资者，不敢与大家持有不同的看法，那在市场短期热点此起彼伏的过程中，你可能不具备必要的耐心和勇气来坚持价值投资。

如果你具备在市场情绪向不利于你的方向变化时也能坚持长期持有资产的定力，那你需要注意的是另一个问题。你必须意识到持有某项亏损资产过久同样是有风险的。所以你同样应该回顾自己过去的投资，看看你在出售资产时的自律性是否和在买入和持有资产时一样好。你曾经跌入过"价值陷阱"吗？如果有，本书中哪些技巧可以帮助你在未来避开这些陷阱？

当然，你也可能是一个以交易为导向的投资者，非常依赖趋势跟踪技术和图表分析。如果是这样的话，你需要有能力在情感上脱离自己的投资，不要过于依赖自己的投资组合。如果你做不到这些，就可能会对一项亏损的投资抱着不放，让自己的损失不断扩大。

如果你像对待情人一样对自己的投资恋恋不舍，你可能是一个糟糕的短线交易者。另外，如果你已经能够快速地进行投资，绝不拖泥带水，那么你需要注意的是过度交易的风险。如果交易过于频繁，从长远来看，交易成本会很快吞噬你的利润。

此外，图表分析流派的一个常见错误是在不同的时间使用不同的指标和交易模式。你可能会因为某只股票突破了阻力位而买入，计划在价格达到下一个阻力位就卖出。但等价格达到该阻力位时，你又辩称该资产尚未超买，因为 RSI 指标仅为 50。

一致性是成功的关键，从一个指标转换到另一个指标的任性可能会在未来的某个时候让你付出巨大的代价。事实上，这样操作的你已经成了确认偏误的牺牲品，所以你可能需要回到第五章阅读我在那里介绍的技巧。

提升自我

如果你已经确定了自己的投资理念，并对自己作为投资者的优缺点有了基本的了解，就可以在投资过程中练习所谓"学习和自我完善循环"了。根据我的经验，在做任何投资决定之前，先列出一份投资清单，描述你将要完成的基本步骤，这是很有好处的。

一开始，你的投资清单可能很简短，但随着时间的推移，它将变得越来越细化和详尽。在第四章中我们介绍过提升自我和增加投资成功率的方法。投资清单和投资日记的组合可以帮助你不断改进自己的投资方法和技巧。分析自己的每一个投资决定可以帮助你更好地了解自己的性格，以及自己的优势和劣势。

如果你学会正确地使用投资日记和投资清单，就能在投资过程中越来越好地发挥自己的优势，同时也能更好地限制自己缺点的负面影响。但是，不要期望能完全消除自己的弱点，或完全不犯错误。这是一个不可能完成的目标。

正如我在第七章中提到的，市场总是处在不断的变化之中，这意味着偶尔的亏损是不可避免的。如果你对此无法接受，那也许投资并不适合你。你最好选择把钱交给可靠的专业人士，他们会尽自己最大的努力为你服务。

我对预测的看法

为了让你了解这种自我提升的具体细节,请允许我展示一下自己的投资预测清单是如何随着时间的推移而发展的。我在第一章中曾经分析过,在一年左右的时间框架内进行的预测往往是高度不可靠的,同时你在金融媒体中听到的各种预测,其准确性可能比你原本预期的要低得多。

当然,在职业生涯初期的时候,我也犯了和大多数分析师和投资者一样的错误,以为自己可以预测市场和股票的走势。经过一段时间的摸爬滚打,我终于意识到这是多么徒劳。无论使用多么复杂的模型,预测都会存在巨大的不确定性。于是我决定后退一步,从列出一个关于如何做预测的简单清单开始。

我列出的第一个原则是:

不要做点位预测,只做方向预测。

或者,就像有人说的那样:"要么预测将要发生什么,要么预测什么时候会发生,但不要同时预测两者。"我一开始的清单过于粗糙,需要改进。因此,之后每一次出现预测错误时,我都会把它们记录在投资日记里。在一年一次检查日记的时候,就可以根据这些信息来更新和改善我的预测规则。

最重要的是,其间我读了一些关于预测的好书,它们提供了很多有用的见解。在对我的预测规则进行了多年的修改之后,它们现在看起来是这样的(为了清晰起见,我在每条规则后面都进行了适量的解释):

1. **数据很重要。**我们人类总是被奇闻逸事和精美的插图所吸引,但这些花哨的包装可能会误导我们。你在做预测的时候应该总是基于定量的数据,而不要基于定性的论点。欧几里得的《几何原本》是第一本关于几何的书,但里面连一幅绘画都没有。

推论 A:折磨数据直到它招供,但不要根据故事来组织数据。

推论 B：先猜测预测对象会取一个常见值或基本值（比如同类情况下的历史平均值）。假设规律没有发生改变，一个事件在未来的可能性和它在过去的可能性一样，但这是一个好的分析起点。当然我们不能就此止步，之后可以根据你掌握的所有信息来调整这个基本值。

2. **不要做出极端预测**。如果你在准确的时点成功预测了下一次金融危机，你当然会因此而出名。但在任何其他情况下，极端预测只会让你付出金钱和名誉的代价。记住，极端预测分为两种：幸运的和错误的。

3. **均值回归是一种强大的力量**。无论是在经济领域，还是在政治领域，极端状态都不可能长久存在。从长期来看，人的运气会倾向于平均化，而商业中的竞争力量也会导致均值回归。

4. **我们是习惯的动物**。如果某件事在过去奏效了，人们会一直重复它，这会在市场上形成一股持久的趋势。即使长期来看存在均值回归的倾向，也不要指望这些趋势会迅速改变。一个失灵的体系能存活多久，答案往往令人难以置信，想想日本的例子就知道了。

5. **我们很少掉下悬崖**。人们经常在灾难发生前的最后一刻改变自己的习惯。然而，要达到使行为发生改变的程度，灾难必须是显而易见的，结果必须是确定的，而解决办法必须是简单易行的。

6. **吃饱了的人闹不起来**。当人们有足够的食物和相对安全的感觉时，革命和骚乱很少发生。缺乏个人自由不足以引发革命，但缺乏食物、药品或公正却有可能引发暴乱。历史上的很多学生运动都是由学生负担不起的食品价格上涨引发的，"阿拉伯之春"也是由食品价格上涨引发的。

7. **政治和商业领袖的首要目标是保住权力**。从这个角度来看，他们的很多行动都可以很容易地预测出来。

8. **政治和商业领袖的第二个目标是致富**。请结合上一个规则使用，这通常可以解释他们 90% 的行为。

9. **记得奥卡姆剃刀**。最简单的解释最有可能是正确的。不要相信阴谋论。

10. **不要盲目遵守规则。**世界一直在变化，所以要知道任何规则可能会突然不再有效，有时是短期，有时是永远。

活到老，学到老

只要你能根据自己的强项和弱项来持续地改进投资过程，从长远来看，你最终会得到一个为自己量身定做的投资决策过程。它就像一件定制的套装或连衣裙：它在你身上看起来很棒，而在其他人身上就可能会显得很糟糕。这会让你觉得自己真的很特别。

但不要期望这种不断自我提高的过程有可以停下来的一天。一旦你停止进步，就又会变得容易受到市场变化的影响，并回到过去那种容易犯错的状态。你可以回顾一下第四章和第七章，看看这会给你的投资带来什么结果。

投资的部分乐趣在于，总有新的东西需要学习。尽管有些错误是司空见惯的，但避免错误的补救方法和工具一直在改变。如果我在 5 年或 10 年前写这本书，一定会给你不同的建议，推荐的也是其他的工具和技巧。我也可以肯定，如果在 5 到 10 年后再写这本书，这些建议也会不一样。我现在分享给大家的只是以我目前的知识和经验能给出的最好的建议。

我不能保证这里讨论的工具和技术会一直有效，但我可以向你保证，正是它们帮助我成为一个更好的投资者。我很有信心这些工具和技术也会对你有用，因为我并不特别。我不是投资天才，也不是技术高超的人。作为一个投资者，我不是特别理性，我也不是特别擅长识别投资机会。我只是一个普通人，这意味着我跟大家一样，需要经过大量的训练和提高，才能成为一名有竞争力的投资者。

在我投资生涯的二十几年里，得到了许多伟大导师和经验丰富的投资者的帮助，他们将自己宝贵的投资经验无偿分享给我。即使经历过长时间的糟糕表现和来自客户的大量批评（更不用说我毕生积蓄曾遭受的可怕缩水），我也一直保持着对投资的热情，这让我能坚持从事这个职业。

在某种程度上，本书以及它提供的避免常见错误的工具，是我帮助下一代投资者比我更快地学习和提高的方法。所以，当你读完本书，我希望你会认为这不是一个结束，而是一个开始。以成为更好的投资者为目标，开始金融市场的乐趣之旅吧。接下来就交给你了，享受这段旅程吧！

参考文献

第一章

"Market predictions: 2019 to bring new level of uncertainty", Financial Times (7 December 2018).

V. DeMiguel, L. Garlappi and R. Uppal, 'Optimal versus naive diversification: How inefficient is the 1/N portfolio strategy?', The Review of Financial Studies, v.22 (5), p.1915–1953 (2009).

H. Markowitz, 'Portfolio selection', The Journal of Finance, v.7 (1), p.77–91 (1952).

R. O. Michaud and R. O. Michaud, Efficient Asset Management – A Practical Guide to Stock Portfolio Optimization and Asset Allocation, 2nd edition (Oxford University Press, 2008).

S. Oskamp, 'Overconfidence in case-study judgments', Journal of Consulting Psychology, v.29 (3), p.261–265 (1965).

L. Pastor and R. F. Stambaugh, 'Are stocks really less volatile in the long run?', The Journal of Finance, v.67 (2), p.431–478 (2012).

M. Spiwoks and O. Hein, 'Die Währungs-, Anleihen- und Aktienmarktprognosen des Zentrums für Europäische Wirtschaftsforschung: Eine empirische Untersuchung des Prognoseerfolges von 1995 bis 2004', Wirt. Sozialstat. Archiv, v.1, p.43–52 (2007).

M. Spiwoks, Z. Gubaydullina and O. Hein, 'Trapped in the Here and Now – New Insights into Financial Market Analyst Behavior', Journal of Applied Finance & Banking, v.5 (1), p.35–56 (2015).

G. Törngren and H. Montgomery, 'Worse than chance? Performance and confidence among professionals and laypeople in the stock market', Journal of Behavioral Finance, v.5 (3), p.148–153 (2004).

I. Welch and A. Goyal, 'A comprehensive look at the empirical performance of equity premium prediction', The Review of Financial Studies, v.21 (4), p.1455–1508 (2008).

第二章

B. M. Barber and T. Odean, 'Trading is hazardous to your wealth: The common stock investment performance of individual investors', *The Journal of Finance*, v.55 (2), p.773–805 (2000).

B. M. Barber and T. Odean, 'Online investors: Do the slow die first?', *The Review of Financial Studies*, v.15 (2), p.455–487 (2002).

H. C. Breiter, R. L. Gollub, R. M. Weisskoff, D. N. Kennedy, N. Makris, J. D. Berke, J. M. Goodman, H. L. Kantor, D. R. Gastfriend, J. P. Riorden, R. T. Mathew, B. R. Rosen and S. E. Hyman, 'Acute effects of cocaine on human brain activity and emotion', *Neuron*, v.19, p.591–611 (1997).

H. C. Breiter, I. Aharon, D. Kahneman, A. Dale and P. Shizgal, 'Functional imaging of neural responses to expectancy and experience of monetary gains and losses', *Neuron*, v.30, p.619–639 (2001).

J. A. Busse and T. C. Green, 'Market efficiency in real time', *Journal of Financial Economics*, v.65, p.415–437 (2002).

M. M. Carhart, 'On persistence in mutual fund performance', *The Journal of Finance*, v.52 (1), p.57–82 (1997).

E. Dimson, P. Marsh and M. Staunton, *Credit Suisse Global Investment Returns Yearbook 2019* (Credit Suisse, 2019).

A. Goyal and S. Wahal, 'The selection and termination of investment management firms by plan sponsors', *The Journal of Finance*, v.63 (4), p.1805–1847 (2008).

C. M. Kuhnen and B. Knutson, 'The neural basis of financial risk taking', *Neuron*, v.47, pp. 763–770 (2005).

L. Ma, Y. Tang and J. P. Gomez, 'Portfolio manager compensation in the US mutual fund industry', *The Journal of Finance* (2018).

R. Kinnel, 'Mind the Gap 2018', *Morningstar* (2018).

P. C. Tetlock, 'Giving content to investor sentiment: The role of media in the stock market', *The Journal of Finance*, 62:3, p.1139–1168 (2007).

第三章

A. Dasgupta, A. Prat and M. Verardo, "Institutional trade persistence and longterm equity returns", *The Journal of Finance*, v.66 (2), p.635–653 (2011).

M. Grinblatt, G. Jostova, L. Petrasek and A. Philipov, "Style and skill: Hedge funds, mutual funds, and momentum", ssrn.com/abstract=2712050 (SSRN, 2016).

C. R. Harvey, Y. Liu and H. Zhu, "... and the cross-section of expected returns", *The Review of Financial Studies*, v.29 (1), p.5–68 (2016).

J. Klement, "Assessing Stop-Loss and Re-Entry Strategies", *The Journal of Trading*, v.8 (4), p.44–53 (2013).

J. Klement, "Dumb alpha", *CFA Institute Enterprising Investor Blog*, blogs.cfainstitute.org/investor/author/joachimklement (2015).

A. W. Lo and D. V. Repin, "The Psychophysiology of Real-Time

Financial Risk Processing", *Journal of Cognitive Neuroscience*, v.14 (3), p.323–339 (2002).

H. Marks, *The Most Important Thing: Uncommon Sense for the Thoughtful Investor*, p.5 (Columbia University Press, 2011).

第四章

W. J. Bazley, G. M. Korniotis and G. R. Samanez-Larkin, "Why memory hinders investor learning", ssrn.com/abstract=2846504 (SSRN, 2018).

Y.-M. Chiang, D. Hirshleifer, Y. Qian and A. E. Sheerman, "Do investors learn from experience? Evidence from frequent IPO investors", *The Review of Financial Studies*, v.24 (5), p.1560–1589 (2011).

J. Deese and R. A. Kaufman, "Serial effects in recall of unorganized and sequentially organized verbal material", *Journal of Experimental Psychology*, v.54 (3), p.180–187 (1957).

R. N. Hussam, D. Porter and V. L. Smith, "Thar she blows: Can bubbles be rekindled with experienced subjects?", *American Economic Review*, v.98 (3), p.924–937 (2008).

A. Gawande, *The Checklist Manifesto* (Metropolitan Books, 2009).

R. Greenwood and S. Nagel, "Inexperienced investors and bubbles", *Journal of Financial Economics*, v.93 (2), p.239–258 (2009).

G. Nicolosi, L. Peng and N. Zhu, "Do individual investors learn from their trading experience?", *Journal of Financial Markets*, v.12 (2), p.317–336 (2009).

D. P. Porter and V. L. Smith, "Stock market bubbles in the laboratory", *The Journal of Behavioral Finance*, v.4 (1), p.7–20 (2003).

G. E. Porter and J. W. Trifts, "The best mutual fund managers: Testing the impact of experience using a survivorship-bias free dataset", *Journal of Applied Finance*, v.1, p.1–13 (2012).

G. Spier, *The Education of a Value Investor*, (Palgrave Macmillan, 2014).

第五章

E. F. Fama and K. R. French, "Value versus growth: The international evidence", *The Journal of Finance*, v.53 (6), p.1975–1999 (1998).

J. Klement, "What's growth got to do with it? Equity returns and economic growth", *The Journal of Investing*, v.24 (2), p.74–78 (2015).

C. G. Lord, L. Ross and M. R. Lepper, "Biased Assimilation and Attitude Polarization: The Effects of Prior Theories on Subsequently Considered Evidence", *Journal of Personality and Social Psychology*, v.37 (11), p.2089–2109 (1979).

W. Quattrociocchi, A. Scala and C. R. Sunstein, "Echo chambers on Facebook", *Harvard John M. Olin Discussion Paper No. 877* (2016).

J. R. Ritter, "Is economic growth good for investors?", *Journal of Applied Corporate Finance*, v.24 (3), p.8–18 (2012).

P. C. Wason and D. Shapiro, "Natural and contrived experience in a reasoning problem", *Quarterly Journal of Experimental Psychology*, v.23, p.63–71 (1971).

第六章

Better Finance, "Better Finance replicates and discloses ESMA findings on closet indexing", betterfinance.eu (2017).

M. Butler, "City watchdog: We're taking action on asset managers that aren't transparent with clients", *The Telegraph* (5 March 2018).

K. J. M. Cremers and A. Petajisto, "How active is your fund manager? A new measure that predicts performance", *The Review of Financial Studies*, v.22 (9), p.3329–3365 (2009).

D. Edelman, W. Fung and D. A. Hsieh, "Exploring uncharted territories of the hedge fund industry: Empirical characteristics of mega hedge fund firms", *Journal of Financial Economics*, v.109 (3), p.734–758 (2013).

ESMA, "Statement on supervisory work on potential index tracking", ESMA/2016/165 (2016).

A. L. Evans, "Portfolio manager ownership and mutual fund performance", *Financial Management*, v.37 (3), p.513–534 (2008).

J. Klement, "Career risk", *Journal of Behavioral Finance*, v.17 (4), p.336–341 (2016).

L. Kostovetsky and A. Manconi, "How much labor do you need to manage capital?", papers.ssrn.com/sol3/papers.cfm?abstract_id=2896355 (2018).

L. Ma and Y. Tang, "Portfolio manager ownership and mutual fund risk taking", *Management Science (forthcoming)*. D. Ogilvy, *Ogilvy on Advertising* (Prion Books, 2011).

A. Petajisto, "Active share and mutual fund performance", *Financial Analysts Journal*, v.69 (4), p.73–93 (2013).

A. Von Reibnitz, "When opportunity knocks: Cross-sectional return dispersion and active fund performance", *Critical Finance Review*, v.6 (2), p.303–356 (2017).

第七章

M. Ehrmann and P. Tzamourani, "Memories of High Inflation", *European Journal of Political Economics*, v.28 (2), p.174–191 (2012).

S. Homer and R. Sylla, *A History of Interest Rates*, 4th edition (Wiley & Sons, 2005).

D. Sornette, *Why Stock Markets Crash: Critical Events in Complex Financial Systems*, (Princeton University Press, 2002).

资本的游戏

书号	书名	定价	作者
978-7-111-62403-5	货币变局：洞悉国际强势货币交替	69.00	（美）巴里·艾肯格林
978-7-111-39155-5	这次不一样：八百年金融危机史（珍藏版）	59.90	（美）卡门 M. 莱茵哈特　肯尼斯 S. 罗格夫
978-7-111-62630-5	布雷顿森林货币战：美元如何统治世界（典藏版）	69.00	（美）本·斯泰尔
978-7-111-51779-5	金融危机简史：2000年来的投机、狂热与崩溃	49.00	（英）鲍勃·斯瓦卢普
978-7-111-53472-3	货币政治：汇率政策的政治经济学	49.00	（美）杰弗里 A. 弗里登
978-7-111-52984-2	货币放水的尽头：还有什么能拯救停滞的经济	39.00	（英）简世勋
978-7-111-57923-6	欧元危机：共同货币阴影下的欧洲	59.00	（美）约瑟夫 E. 斯蒂格利茨
978-7-111-47393-0	巴塞尔之塔：揭秘国际清算银行主导的世界	69.00	（美）亚当·拉伯
978-7-111-53101-2	货币围城	59.00	（美）约翰·莫尔丁　乔纳森·泰珀
978-7-111-49837-7	日美金融战的真相	45.00	（日）久保田勇夫

中国金融期货交易所
金融期货与期权丛书

 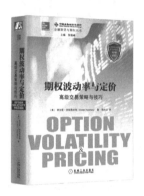 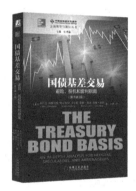

书名	作者	ISBN	定价
暗池：高频交易及人工智能大盗颠覆金融世界的对决	[美] 斯科特·帕特森	978-7-111-51299-8	59.00
全球市场的清算服务：清算行业未来发展框架	[英] 蒂纳 P. 哈森普施	978-7-111-54898-0	100.00
定价未来：撼动华尔街的量化金融史	[美] 乔治 G. 斯皮罗	978-7-111-46986-5	69.00
期权投资策略（原书第5版）	[美] 劳伦斯 G. 麦克米伦	978-7-111-48856-9	169.00
期权波动率与定价：高级交易策略与技巧	[美] 谢尔登·纳坦恩伯格	978-7-111-47704-4	100.00
国债基差交易：避险、投机和套利指南(原书第3版)	[美] 盖伦 D. 伯格哈特 等	978-7-111-53338-2	59.00